国家职业技能等级认定培训教程
国家基本职业培训包教材资源

保育员

（中级）

编审委员会

主　任　吴礼舵　张　斌
副主任　刘文彬　葛　玮
委　员　葛恒双　赵　欢　王小兵　张灵芝　刘永澎　吕红文　张晓燕
　　　　　贾成千　高　文　瞿伟洁

本书编审人员

主　编　吴　航
副主编　张传霞　程冠三
编　者　焦寒梅　周珍珍　邵云洁　诸小敏　黄　伟　段桂琴　郑莉萍
　　　　　张爱英　赵思红　杨艳华　朱海鸣
审　稿　石丽峰

中国人力资源和社会保障出版集团
中国劳动社会保障出版社　中国人事出版社

图书在版编目（CIP）数据

保育员：中级 / 中国就业培训技术指导中心组织编写．-- 北京：中国劳动社会保障出版社：中国人事出版社，2021

国家职业技能等级认定培训教程

ISBN 978-7-5167-5093-3

Ⅰ.①保… Ⅱ.①中… Ⅲ.①幼教人员 - 职业技能 - 鉴定 - 教材 Ⅳ.①G615

中国版本图书馆 CIP 数据核字（2021）第 218903 号

中国劳动社会保障出版社
中 国 人 事 出 版 社 **出版发行**

（北京市惠新东街 1 号　邮政编码：100029）

*

三河市华骏印务包装有限公司印刷装订　新华书店经销

787 毫米 ×1092 毫米　16 开本　13 印张　213 千字

2021 年 11 月第 1 版　2022 年 4 月第 3 次印刷

定价：40.00 元

读者服务部电话：（010）64929211/84209101/64921644

营销中心电话：（010）64962347

出版社网址：http: //www.class.com.cn

前　言

为加快建立劳动者终身职业技能培训制度，大力实施职业技能提升行动，全面推行职业技能等级制度，推进技能人才评价制度改革，促进国家基本职业培训包制度与职业技能等级认定制度的有效衔接，进一步规范培训管理，提高培训质量，中国就业培训技术指导中心组织有关专家在《保育员国家职业技能标准（2019年版）》（以下简称《标准》）制定工作基础上，编写了保育员国家职业技能等级认定培训教程（以下简称等级教程）。

保育员等级教程紧贴《标准》要求编写，内容上突出职业能力优先的编写原则，结构上按照职业功能模块分级别编写。该等级教程共包括《保育员（基础知识）》《保育员（初级）》《保育员（中级）》《保育员（高级）》4本。《保育员（基础知识）》是各级别保育员均需掌握的基础知识，其他各级别教程内容分别包括各级别保育员应掌握的理论知识和操作技能。

本书是保育员等级教程中的一本，是职业技能等级认定推荐教程，也是职业技能等级认定题库开发的重要依据，已纳入国家基本职业培训包教材资源，适用于职业技能等级认定培训和中短期职业技能培训。

本书在编写过程中得到河南春苗职业培训学校、上海青浦世界外国语幼儿园等单位的大力支持与协助，在此一并表示衷心感谢。

中国就业培训技术指导中心

目 录 CONTENTS

职业模块 一
卫生管理与教育

培训项目 1 清洁

培训单元 1　通　　风

培训重点

- 了解空气质量的相关知识和室内装修污染对婴幼儿健康的危害。
- 了解开窗通风的主要方式和净化室内空气与环境的措施。
- 能根据季节和室内温度变化确定通风的时间和方式，保持空气清新。

知识要求

一、空气质量的相关知识

1. 空气质量

空气是指构成地球周围大气的气体，它维护着人类及生物的生存。对人类及生物生存起重要作用的是距地面 12 km 以内的空气层，也就是对流层。空气由氮、氧、稀有气体、二氧化碳以及其他物质组成。其中，氮气和氧气约占空气总量的 99%，其他成分总和约为 1%。空气质量的好坏反映了空气污染程度，它是依据空气中污染物浓度的高低来判断的。

2. 空气污染

有毒有害的物质排放到空气中，就会造成空气污染。主要大气污染物有：二氧化硫（SO_2）、悬浮颗粒物（如粉尘、烟雾、PM10、PM2.5）、氮氧化物（NO_x，如一氧化氮、二氧化氮）、挥发性有机化合物（VOC，如苯、碳氧化合物、甲醛）、光化学氧化物（如臭氧）、温室气体（如甲烷、氟氯烃）。

3. 空气污染物的来源

影响空气质量的因素包括自然因素和人为因素。其中，人为因素如工业废气、燃烧、汽车尾气等对空气质量有重要的影响。随着人类经济活动和生产的迅速发展，在大量消耗能源的同时，也将大量的废气、烟尘物质排入空气，严重影响了大气环境的质量。

室内空气污染可分为三大类：第一大类是化学污染，主要来自装修、家具、玩具、燃气、杀虫剂、化妆品、抽烟、厨房的油烟等产生的污染，污染物主要包括苯、甲苯、二甲苯、甲苯二异氰酸酯、甲醛等挥发性的有机化合物和氨、一氧化碳、二氧化碳等无机化合物；第二大类是物理污染，主要污染物是来自室内和室外电器设备产生的噪声、电磁辐射、光污染等；第三大类是生物污染，主要污染物是寄生于地毯、毛绒玩具、被褥中的螨虫及其他细菌等。长期不通风，室内空气中负离子含量会减少，空气质量会恶化。

4. 提升室内空气质量的途径与方法

（1）室内避免存有甲醛的释放源

如装修物料、家具、室内陈设或其他释放甲醛的产品，特别是用甲醛树脂制成的木压制产品。

（2）通风

保持室内空气有效流通，加强通风；使用空气净化器、新风系统净化空气。

（3）吸附法

常用的固体吸附剂有焦炭和活性炭等，其中应用最为广泛的是活性炭。活性炭是由含碳材料制成的外观呈黑色，内部孔隙结构发达、表面积大，吸附能力强的一类微晶质碳素材料。它是一种常用的吸附剂、催化剂或催化剂载体，被广泛应用于人们的日常生活中。活性炭可以有效地吸附新装修房屋及新购家具中的甲醛、苯及苯系物、氨、氡等有毒有害气体，快速消除异味，均匀调节空气湿度，还可以用于衣橱、书柜、地板除湿、防潮、防霉、防虫蛀，卫生间除臭杀菌、净化空气、消除异味，吸附与隔离空调、电脑的辐射气体，最终达到吸附有害气体、净化空间的效果。

（4）植物净化法

种植一些能净化室内空气污染的植物，如常春藤、绿萝、发财树、芦荟、吊兰、虎尾兰等，能大量吸收室内甲醛等污染物质，消除并防止室内空气污染。

（5）化学净化法

使用空气净化剂，可以彻底分解物体表面的释放源，减少污染物的释放。空气净化器可以处理释放到空气中的污染物。

二、空气污染对婴幼儿健康的影响

除意外伤害外，目前威胁婴幼儿健康的几大疾病中，哮喘、癌症、低出生体重、神经发育障碍以及出生缺陷等无一不与环境污染有关。美国的一项研究发现，100% 的铅中毒、30% 的哮喘、5% 的癌症、10% 的神经发育障碍儿童的发病与环境污染有直接关系。

空气污染物，如细颗粒物（PM2.5）、二氧化硫、总悬浮颗粒物等，可使婴幼儿上呼吸道感染、支气管炎、鼻炎、扁桃体炎、哮喘、肺炎的患病几率增加，影响婴幼儿的身高和智力健康发育。

专家指出，室内空气污染可能会诱发婴幼儿的血液性疾病，增加婴幼儿哮喘病的发病率，导致婴幼儿铅中毒，使婴幼儿的智力大大降低。医学研究证明，空气污染已经成为诱发白血病的主要原因。据统计，我国儿童哮喘患病率为2%~5%，其中 1 ~ 5 岁的婴幼儿患病率高达 85%。

婴幼儿的身体正处在生长发育中，身体的细胞处于高速增殖阶段，呼吸量按体重计算比成人高 50%。婴幼儿在饮食、行为以及生理、代谢功能方面与成人不同，身体内部排毒功能不完善，再加上他们有 80% 的时间生活在室内，所以，婴幼儿比成年人更容易受到室内空气污染的危害，他们是室内空气污染的首要受害者。

三、托幼机构的通风

1. 通风的重要性

开窗通风可有效保证室内空气的对流，满足婴幼儿对氧气的需要。开窗通风可降低空气中致病微生物的浓度，同时新鲜空气对致病微生物也具有一定的杀灭作用。

2. 常见的通风方式

（1）自然通风

自然通风是指通过建筑材料的空隙和门、窗进行气体交换，是调节微小气候的主要方法。自然通风主要靠开窗通风来实现。

（2）机械通风

机械通风是指采用电风扇、排风扇和空调等辅助设备促进空气流通的方法。若托幼机构采用自然通风方式，室温仍在 30 ℃以上时，保育员应采用机械通风的方式。

3. 通风时的注意事项

（1）室内外温差比较大时，开窗通风应尽量选择婴幼儿不在室内时进行，注意循序渐进。如冬季睡眠室的通风应在午睡前一小时停止，避免婴幼儿睡眠时温度太低。

（2）在室外空气质量较差时（如雾霾、大风、沙尘暴等天气），应避免开窗通风。

（3）传染病流行时期，应增加通风次数，延长通风时间。

技能操作

技能 1　科学开窗通风

一、操作准备

了解天气情况，活动室、睡眠室和盥洗室的温 / 湿度，以及班级孩子的健康状况。

二、科学开窗通风的要求

1. 保证空气清新，确保婴幼儿健康。

2. 注意开窗通风方式、时间的合理性。

3. 根据季节、天气、房间性质确定通风方式。

三、操作程序与要求

1. 根据季节的变化确定通风方式

（1）冬季通风。冬季开窗通风至少应达到每半日一次，通风的时间一般为 10~15 min，以室内温度保持在 18~20 ℃为宜。如室内取暖设备比较完善，可整日开着一扇小窗户，以确保良好的空气质量。婴幼儿离开活动室进行室外活动时，保育员可打开大窗通风。

（2）夏季通风。夏季一般执行全天通风制度，使用空调的房间应达到每半日通风一次，通风的时间一般为 10~15 min，以室内温度不超过 28 ℃为宜。没有配备空调的托幼机构，如室温过高，可采用电风扇、开窗对流和地面洒水的方法进行降温。

（3）春秋季通风。春秋季室外温度与室内温度相近时，只要无大风、大雨等异常天气，保育员可全天开窗通风。

2. 根据房间性质开窗通风

（1）活动室通风。室内温度与室外温度相差较大时，保育员应在婴幼儿室外活动时进行活动室的通风。

（2）睡眠室通风。睡眠室开窗通风的时间应在婴幼儿睡眠前和睡眠后，睡眠时间通风应避免空气对流。如有条件，保育员可定期使用排风扇进行通风。

（3）盥洗室通风。为保证盥洗室内无异味，防止空气污染和地面过度湿滑，一年四季只要天气条件允许，保育员应保持盥洗室全天开窗通风。

3. 根据天气情况开窗通风——特殊天气的开窗通风

（1）室温过低或过高时的通风。当室温过低或过高时，保育员应适当缩短通风时间，减小通风窗口。婴幼儿将要离开室内时提前打开窗户进行通风，将要回到室内时提前关闭窗户，以缩小室内外温差，并注意室内外温度的变化。

（2）风大时的通风。风大时，保育员应及时关闭窗户，避免灰尘进入造成室内空气污染。风停后，及时打开窗户进行通风换气。

（3）下雨时的通风。下雨时，保育员应及时观察风向，确定哪个方向的窗户潲雨，并及时将潲雨的窗户关闭，继续保留不潲雨的窗户通风。雨停后，应打开尽可能多的窗户，让婴幼儿呼吸到更多的新鲜空气。

技能 2　装修房屋启用后的空气清洁

一、操作准备

1. 物品准备

活性炭、净化空气的植物、空气净化剂等。

2. 制定空气清洁方案

（1）植物净化法（吊兰、芦荟、虎尾兰等）。

（2）吸附法（活性炭）。

（3）化学净化法（空气净化剂）。

二、操作程序

1. 基本程序

新开业的托幼机构或者室内外重新装修的托幼机构，在启用前需对托幼机构的室内环境进行检测，甲醛、苯及苯系物等检测结果应符合《室内空气质量标准》（GB/T 18883—2002）要求。

满足要求的托幼机构启用后，仍需要对空气进行清洁。具体程序：开窗通风→放置活性炭→摆放净化空气的植物→喷洒空气净化剂。

2. 具体步骤

（1）尽量开窗，保持室内的空气流通。如果房屋建筑通风效果不好，或者处于闹市中，不便开窗通风，可在室内安装新风系统，能有效降低室内空气污染的危害。

（2）在需要空气净化的橱柜、玩具架等合适位置放置活性炭。

（3）有选择地摆放可以吸附甲醛、净化室内空气的植物，如吊兰、芦荟、虎尾兰等。

（4）孩子们离园后关闭门窗，喷洒空气净化剂，保持 30 min。

三、注意事项

1. 保育员可适当延长孩子们的室外活动时间，多带孩子们到室外呼吸新鲜空气。

2. 在条件允许的情况下，空气质量较差的房屋可与其他房屋交替使用，最大程度地避免空气污染对孩子的影响。

培训单元 2　撒饭后的清洁

培训重点

- 了解婴幼儿易出现撒饭现象的原因。
- 能在婴幼儿撒饭后及时清洁。

知识要求

一、婴幼儿撒饭的原因

1. 由于身心发育水平的限制，婴幼儿动作协调能力不足，尤其是手、眼、脑的协调未达到一定水平，进餐时的注意力容易受外界干扰而转移。

2. 婴幼儿良好进餐习惯还在形成中。

二、婴幼儿撒饭的影响

1. 对婴幼儿进餐情绪的影响

撒饭以及周围小伙伴异样的目光，会使婴幼儿产生不同程度的自卑心理，反复出现甚至造成心理阴影，更易出现撒饭现象。

2. 对婴幼儿机体的影响

撒饭时，孩子会很紧张，进而可能会影响到进餐量。

技能操作

婴幼儿撒饭后的清洁

一、操作准备

干净抹布、扫帚、簸箕、拖把、垃圾桶等清洁工具。

二、操作程序

1. 协助孩子离开其所处的桌面位置，避免孩子弄脏衣物和踩脏地面。

2. 使用干净的湿抹布擦拭孩子衣服上的污渍，必要时可将脏衣服脱下清洗，并为其换上干净衣服。

3. 用干净的半干抹布将撒到桌面上的饭菜收进垃圾桶，再更换另一块干净的半干抹布将桌面彻底擦干净。

4. 用扫帚清扫地面，然后用簸箕将撒到地面上的饭菜彻底清理干净，再用干净的半干拖把将地面拖洗干净。

5. 清洁完毕后，保育员应及时稳定孩子的情绪，并给孩子重新盛饭，引导其愉快地进餐。

6. 孩子进餐完毕后，保育员应彻底清洁所用抹布、拖把、扫帚和簸箕，悬挂晾干，随时保持清洁工具的卫生。

三、注意事项

1. 进行撒饭后清理工作时，不要训斥孩子，避免伤害其自尊心。
2. 在进行撒饭后清理工作的同时，要及时对孩子进行专心进餐的教育。
3. 平时应注意培养婴幼儿正确的进餐姿势和良好的进餐习惯。

培训单元 3　呕吐物及排泄物的清洁

培训重点

- 了解婴幼儿呕吐与腹泻的主要原因。
- 了解呕吐物及排泄物对婴幼儿身心健康的不良影响。
- 能及时清洁婴幼儿的呕吐物、排泄物，保持婴幼儿个人卫生和班级环境卫生。

知识要求

一、婴幼儿呕吐的原因

呕吐是由于某些原因引起食管、胃和肠管的逆蠕动，同时伴随腹肌和膈肌的强烈痉挛收缩，迫使食管和胃肠道内容物从口中涌出的一种症状。呕吐是婴幼儿常见症状之一，多由消化系统疾病引起，也可由全身各系统和器官的多种疾病引起。

1. 神经系统疾病

咽食过急过快，进食过多，条件反射；心理障碍等。

2. 消化系统疾病

胃肠道感染，消化不良，胃肠痉挛，消化道畸形，肠套叠，肠梗阻等。

3. 消化道以外疾病

颅内疾病，呼吸道疾病，中毒等。

二、婴幼儿呕吐的表现

一般呕吐常伴有恶心，呕吐量多少不定。喷射性呕吐是指大量呕吐物从口鼻喷涌而出，除因医生检查咽部时按压舌面不当及家长喂药刺激外，常见于吞入大量空气后及中枢神经系统疾病。

出现以下症状者应及时就医：呕吐的同时伴有严重腹泻或严重腹痛；呕吐后出现嘴唇干燥、小便减少等脱水症状；呕吐物中带有血液，或呕吐物呈黄绿色；严重的呕吐或反复呕吐已超过6 h；呕吐前出现头部受伤、腹部撞伤；怀疑由食物中毒引起；怀疑呕吐物呛入气管，引起呼吸困难。

三、婴幼儿腹泻的原因

腹泻的主要症状为大便次数较平时增多，大便形状改变，并带有较多水分。造成婴幼儿腹泻的主要原因有以下几个方面：

1. 急性胃肠炎引起腹泻

因饮食质量问题引起急性胃肠炎，急性胃肠炎的常见症状之一就是腹泻。

2. 消化不良引起腹泻

由于食物的量或质超过了婴幼儿胃肠道消化功能的承受能力，以致婴幼儿胃肠道负担过重引起腹泻。

3. 肠炎引起腹泻

细菌引起的痢疾和致病性大肠杆菌性肠炎会导致婴幼儿出现腹泻。致病性大肠杆菌性肠炎多发生在夏季，所以也称夏季腹泻。病毒引起的病毒性肠炎，其病原主要为肠道病毒。病毒性肠炎多见于秋季，故也称秋季腹泻。

4. 食量不足引起饥饿性腹泻

婴幼儿在喂养过程中，若食物的质和量供应不足，会导致胃肠功能紊乱，肠蠕动加快，从而引起饥饿性腹泻。婴幼儿饥饿性腹泻的治疗应注意以下两个方面：一方面，母乳不足者，每次喂奶后可适当加喂一些奶粉，或在两次喂奶中间加喂米汤，注意及时按月龄适当增加各种辅食；另一方面，对于食欲不好、吐奶、腹泻次数每天超过 10 次以上的重症患儿，可用中药调理其脾胃，同时逐渐给婴儿增加奶量及辅食。

四、婴幼儿腹泻的观察

1. 观察精神状态

观察患儿是否出现精神萎靡、嗜睡、抽搐、惊厥、昏迷等症状，一旦出现应及时就医。

2. 观测体温

在腹泻病例中，85% 左右的患儿是因为饮食不当，由饮食中的细菌、病毒引起的腹泻，且容易出现体温升高现象。患儿腹泻时，尤其是出现早于腹泻的高烧（39 ℃以上）应特别重视，要及时到医院就诊。

3. 观察大便形状与次数

患儿腹泻一般常见的是稀便、水样便、蛋花样便、黄绿色便或便中有少量黏液。如果患儿每天腹泻 5 次左右，大便量不多，无明显的脱水现象，表明症状较轻，需要继续观察。如果患儿便中带有血丝或出现血水样便、脓样便，每次大便量较少，坐便盆不愿起来，就可能患有痢疾，应立即就医。如果患儿腹泻次数多、排便量大、失水多，就可能出现脱水症状，此时应及时补液。

五、呕吐物和排泄物对婴幼儿身心健康的不良影响

1. 卫生方面的影响

从婴幼儿呕吐和腹泻的原因可以看出，呕吐物和排泄物中很有可能含有致病细菌和病毒，如果不及时清理和清洗，不仅会影响孩子自身的卫生状况，而且可能对周围环境造成污染，甚至对其他孩子造成感染。所以，及时清理呕吐物和排泄物，有利于保证婴幼儿个人卫生和周围环境卫生。

2. 心理方面的影响

产生呕吐和腹泻症状的婴幼儿，由于身体不适以及周围小伙伴异样的目光，会产生不同程度的自卑心理。如果保育员不能用和蔼可亲的态度安抚孩子并及时帮助其清理污物，可能会对其产生负面心理影响。因此，保育员及时清理呕吐物和排泄物，有利于孩子的心理健康。

技能操作

技能1 婴幼儿呕吐物的清洁

一、操作准备

干净抹布、垃圾桶、扫帚、簸箕、拖把、二溴海因消毒液等清洁工具和用品。

二、操作程序

1. 协助孩子离开呕吐物，避免孩子将地面踩脏造成二次污染。及时清理呕吐物，如图1-1所示。

（1）取出一次性呕吐腹泻物应急处置包（以下简称“呕吐包”），打开，穿戴个人防护用品，依次是一次性口罩→一次性帽子→一次性隔离衣→一次性手套→一次性鞋套。

（2）打开吸附干巾袋，B面塑料面向上，A面覆盖呕吐物等污物30 s，按压B面塑料面移动，直至液体全部吸附。

（3）将污浊吸附巾内向包起残留物，放入原包装袋。

（4）封紧包装袋，防止污物外泄。

（5）取出并打开医疗废弃物包装袋（以下简称“废物袋”），将封好口装有污浊吸附巾的包装袋放入其中。

（6）使用消毒湿巾对污染地面进行擦拭，由清洁区至污染区成S形擦拭，随后丢入废物袋中。

（7）处理完毕，用免洗手消毒液进行双手消毒，随后准备脱卸个人防护用品，依次是一次性鞋套→一次性手套→一次性隔离衣→一次性帽子→一次性口罩，最后丢入废物袋。

（8）使用封条封紧废物袋袋口，丢弃到指定区域。

（9）使用免洗手消毒液再次进行双手消毒，避免交叉感染。

2. 用干净抹布及时擦拭、清洁孩子的衣物。如孩子衣服上沾染的呕吐物较多时，保育员要及时为孩子更换衣服，并进行清洗消毒。

3. 提醒其他孩子避开呕吐物，同时按呕吐物和消毒剂200∶1的比例，加入50%二溴海因消毒液（浓度2 500 mg/L），搅匀，作用30 min，倒弃。

a）

b）

c）

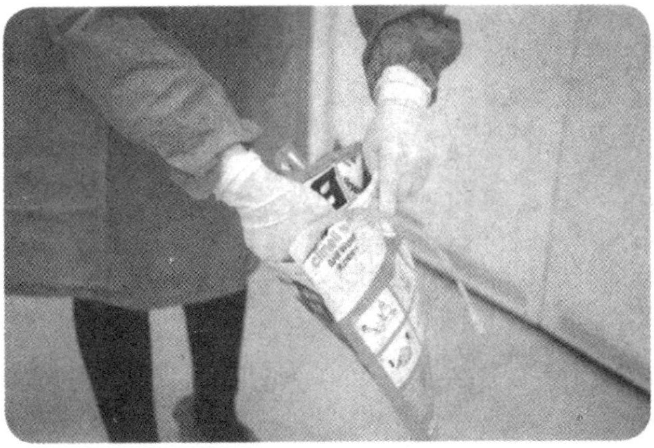

d）

e）

f）

g）

h）

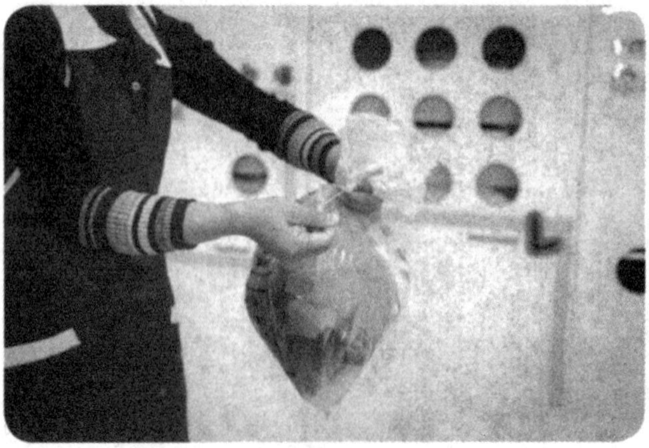

i）

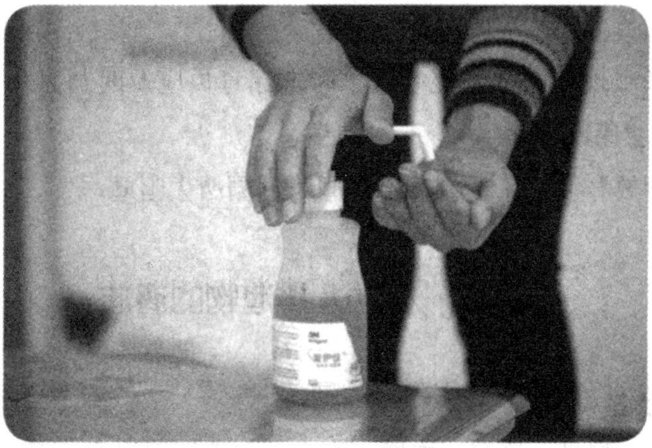

j）

图 1–1 婴幼儿呕吐物的清洁

a）取出一次性呕吐腹泻物应急处置包 b）按压吸附巾 B 面塑料面移动，直至液体全部吸附
c）将污浊吸附巾向内包起残留物 d）将污浊吸附巾放入原包装袋密封 e）封紧包装袋，防止污物外泄
f）将封好的包装袋放入废物袋 g）使用消毒湿巾对吐泻物污染地面进行擦拭 h）用免洗手消毒液进行双手消毒
i）将个人防护用品丢入废物袋，封紧袋口 j）使用免洗手消毒液再次进行双手消毒

4. 用经浓度为 500 mg/L 的二溴海因消毒液消毒的拖把将地面拖洗干净，如图 1–2 所示。

图 1–2 地面消毒

5. 及时询问孩子的身体状况，在了解呕吐原因的同时，请保健医生进一步诊治或与家长取得联系，选择进一步就医。

三、注意事项

1. 保育员在清理呕吐物时，不要训斥孩子，要细心观察并询问孩子身体不舒服的原因。

2. 如果孩子出现较严重的呕吐现象时，保育员应及时与家长取得联系，必要时请家长送孩子去医院就医。

3. 保育员要教导婴幼儿在胃部不舒服时到厕所去呕吐。

技能 2　婴幼儿排泄物的清洁

一、操作准备

水盆、毛巾、扫帚、簸箕、拖把、肥皂、二溴海因消毒液等。

二、操作程序

1. 将孩子悄悄地带至卫生间，及时把被粪便污染的衣裤脱下来，避免继续污染。

2. 先用温度适宜（38~40 ℃）的清水冲洗孩子身体上的排泄物，再用肥皂对污染的部分进行搓洗，最后用温度适宜的清水将孩子身上的肥皂泡沫冲洗干净。为孩子洗屁股时应由前往后洗，有条件的可直接洗澡。如在冬季，应注意保证室内温度，预防孩子因清洗、换衣而引起着凉感冒。

3. 把孩子被冲洗的部位用备用毛巾擦干后，及时为孩子换上干净的衣裤。如没有合适的衣裤更换，可先让孩子坐在床铺被窝里（尽量有老师陪伴），及时与家长取得联系后，等待家长将衣裤送来后为其换上。

4. 先用流动水冲洗被污染的衣裤，再用肥皂对被污染衣裤的重点部位进行搓洗，然后用 250 mg/L 二溴海因消毒液将衣裤浸泡消毒 10 min，刷洗干净后将衣裤悬挂在阳光下暴晒。

5. 询问孩子的身体状况，嘱咐其再次排便时及时去厕所，并训练孩子掌握穿脱衣裤的方法。

6. 用 500 mg/L 二溴海因消毒液浸泡所用的毛巾、拖把，10 min 后将毛巾、拖把悬挂晾干。

三、注意事项

1. 正确认识婴幼儿神经系统发育尚不完善，在有大便需求时难以控制，这就难免将大便拉到裤子里，造成自身污染和环境污染。

2. 清理排泄物时，不要讽刺、挖苦和训斥孩子，应细心观察并询问孩子身体不舒服的原因。

3. 及时与孩子家长取得联系，必要时请家长送孩子去医院就医。

4. 引导、教育孩子在身体不舒服时应及时去厕所排便，并利用自我服务时间采用示范的方式指导孩子掌握穿脱衣裤的方法。

5. 托班保育员可请家长留置备用衣裤在托幼机构中。

培训项目 2

消毒

培训单元 1　不同属性、类别物品的消毒

培训重点

- 了解不同属性、类别物品的消毒方法。
- 能根据物品的属性、类别和托幼机构的客观情况进行相应的消毒工作。

知识要求

一、消毒知识

1. 消毒与灭菌

消毒是指用物理或化学方法消除或杀灭芽孢以外的所有病原微生物。

灭菌是指用物理或化学方法杀灭全部微生物，包括致病和非致病微生物以及芽孢。

2. 消毒的重要性

及时正确的消毒能有效切断传染病的传播途径，阻止传染病的蔓延、扩散，是重要的综合性防疫措施之一。

3. 常用的消毒方法

托幼机构常用的消毒方法有物理消毒法和化学消毒法。

（1）物理消毒法

物理消毒法是指利用物理作用将病原微生物清除或杀灭的方法，如机械、热力、光照等消毒方法。

1）机械消毒是指采用诸如清扫、洗刷、擦抹、铲除或过滤等方法除掉物体表面有害微生物的方法。该方法操作简便、经济，但不能全部杀灭病原微生物，仅可减少其数量，广泛运用于活动室、睡眠室、盥洗室、衣服等的清洁工作中。

2）热力消毒法是指利用热力破坏微生物的蛋白质，使蛋白质凝固变性，从而致其死亡的方法。热力消毒的具体方法包括火烧、煮沸、高温汽蒸。碗筷、水杯、毛巾等一般采用煮沸消毒或消毒柜（流动蒸汽）消毒。

3）光照消毒是指利用紫外线、红外线的杀菌作用，破坏微生物的蛋白质，从而杀死微生物。托幼机构常用的日光暴晒、紫外线灯照射等均属于光照消毒。不宜洗涤的玩具、图书、被褥等大多采用该方法消毒。

（2）化学消毒法

化学消毒法是指利用化学作用来消除或杀灭病原微生物的方法。化学消毒所使用的药物称为消毒剂。托幼机构化学消毒常用的消毒剂有二溴海因、碘伏、含氯消毒剂、乙醇、聚六亚甲基胍等。

二、托幼机构消毒管理要求

1. 托幼机构应建立各项规章制度，包括日常卫生管理制度、室内外环境卫生制度、消毒制度、健康检查制度、隔离制度、传染病报告和应急处理制度等，并严格按照制度要求开展托幼机构内的消毒工作。

2. 负责托幼机构卫生与消毒的工作人员，应定期接受卫生保健专业知识的培训，并对托幼机构的其他工作人员进行卫生知识宣传教育及卫生与消毒、传染病防治等方面的指导。

3. 托幼机构的环境应以清洁卫生为主、预防性消毒为辅，应避免过度消毒对环境带来的不利影响。

4. 当托幼机构所在地发生传染病疫情时，托幼机构应加强预防性消毒工作；当托幼机构内发生传染病疫情时，应进行终末消毒。

5. 应使用符合国家标准或规定的消毒器械和消毒剂。预防性消毒可选用季铵盐类、双胍类、含氯消毒剂等。疫源地消毒使用的消毒剂应符合《疫源地消毒剂通用要求》（GB 27953—2020）的相关要求。对污染较重的消毒对象，应选用具有清洗功能的消毒剂。

6. 消毒剂、消毒器械的使用，应严格按照产品说明书规定的适用范围和使用方法，并在有效期内使用。

7. 托幼机构应妥善保存消毒剂，并应明确标识，避免婴幼儿误食或对婴幼儿造成灼伤等伤害。

8. 新建、改（扩）建的托幼机构，应充分考虑房间空气流通等卫生要求。

三、消毒基本要求

1. 餐（饮）具的消毒

餐（饮）具和盛放直接入口食品的容器，应做到“一人一用一消毒”，严格执行“一洗、二冲、三消毒、四保洁”的制度。餐（饮）具应集中消毒，宜采用煮沸消毒和流通蒸汽消毒。

2. 环境、物体表面的清洁与消毒

（1）物体表面每日清洁消毒 1 次，再用清洁水擦拭处理。

（2）地面和墙面应保持清洁。

（3）切菜板每日用硬刷和清水刷洗 1 遍，再用沸水烫 1 遍，必要时用消毒液浸泡消毒。

（4）床上用品应专人专用。被褥每月暴晒 1~2 次，床上用品每月清洗 1~2 次。

3. 卫生洁具的清洁与消毒

（1）脸盆、浴（盆）池、洗手池

脸盆应个人专用，用后清洗干净，保持清洁，每周浸泡消毒 1 次。浴（盆）池用后应清洗消毒，并保持干燥。洗手池每日清洗并擦拭消毒 1 次。

（2）便器

蹲便池用后随时冲洗干净，无积粪、尿垢，无异味。便盆、尿壶用后随时倒掉，并清洗干净，每日消毒 1 次。婴幼儿一般不宜使用坐便器，如使用坐便器，每次使用后应及时冲洗，接触皮肤部位及时消毒。

4. 抹布、拖把的清洁与消毒

不同场所的抹布、拖把均应专用并有标记，不得混用。用后及时清洗干净，晾干备用，必要时进行消毒处理。

5. 牙刷、牙杯、毛巾等生活用品的清洁与消毒

牙刷、牙杯、毛巾等生活用品应个人专用并保持清洁，牙刷宜每月更换 1 次，

牙杯、毛巾应每日清洗并消毒 1 次。

6. 室内空气的清洁与消毒

开窗通风保持室内空气新鲜，每日至少开窗通风 2 次，每次 10~15 min。不宜开窗通风的，应安装机械通风设施或使用循环风空气消毒机，每天通风或消毒 2 次。在呼吸道传染病流行季节，每日应适当增加开窗通风或消毒频次。同时，定期对空调系统清洗消毒。应注意，空气消毒应在室内无人的情况下进行，如图 1–3 所示。

图 1–3 空气消毒

7. 游泳戏水池消毒

使用中的游泳戏水池应每日进行消毒，保持清洁无异味。

8. 果蔬清洁

生吃的果蔬，应先用清水洗 2 遍，再用流动水冲洗。加热食用的果蔬，在加热前应用清水洗净。果蔬清洁用水应符合《生活饮用水卫生标准》（GB 5749—2006）的要求。

技能操作

技能 1 物体、环境表面的消毒

一、操作准备

250 mg/L 浓度的二溴海因消毒液、水盆、喷壶、清水抹布、消毒抹布等。

二、操作程序与要求

1. 擦拭消毒

擦拭消毒时，用抹布浸以 250 mg/L 的二溴海因消毒液，依次往返擦拭被消毒物品表面。必要时，在作用至规定时间后，用清水擦洗干净以减轻可能引起的腐蚀作用。

2. 喷雾消毒

使用消毒剂溶液喷雾消毒时，用 250 mg/L 的二溴海因消毒液直接喷洒在被消毒物品表面，以使物品表面全部润湿为度，作用至规定时间。喷雾顺序：先上后下，先左后右。喷洒刺激性或腐蚀性消毒剂时，消毒人员应佩戴防护口罩和眼镜，并将食品、餐（饮）具及衣被等物品收放好。使用气溶胶喷雾时，关好门窗，喷距以消毒剂溶液能均匀覆盖在物品表面为度。喷雾结束 30~60 min 后，打开门窗，散去空气中残留的消毒剂雾粒。

3. 紫外线消毒

紫外线辐射能量低，穿透力弱，仅能杀灭直接照射到的微生物，因此消毒时必须使消毒部位充分暴露于紫外线下。紫外线消毒的适宜温度范围为 20~40 ℃，温度过高或过低均会影响消毒效果，可视情况适当延长消毒时间。

在室内无人的条件下，可采取悬吊式或移动式紫外线灯直接照射的方式，消毒有效区为灯管周围 1.5~2 m。一般每 30 m^2 房屋空间，安装 1 支 30 W 紫外线灯管。照射时间根据灯管强度及所杀灭病原微生物而定，一般来说时间不得少于 30 min。高强度、低臭氧紫外线灯在有效距离内照射时间 30~60 min，对物品表面消毒效果可靠。

三、注意事项

1. 喷雾消毒一般仅用于托幼机构内发生传染病疫情时的终末消毒。

2. 喷雾消毒时应佩戴防护口罩和眼镜，防止消毒剂溶液进入呼吸道和接触黏膜。将食品、餐（饮）具及衣被等物品叠放好，或用塑料膜覆盖。

3. 紫外线消毒的注意事项

（1）消毒时应使消毒部位充分暴露于紫外线下，并应达到足够的照射剂量。

（2）消毒纸张、织物等粗糙表面时，要适当延长照射时间，两面均应受到照射。

（3）消毒效果受环境温度、相对湿度、空气中悬浮粒子、消毒对象是否发生有机物污染等因素的影响。消毒室内空气时，房间内应保持清洁干燥，减少尘埃和水雾；温度低于 20 ℃或高于 40 ℃，相对湿度大于 60%；存在有机物影响时，应适当延长照射时间。

（4）紫外线灯可以配用对紫外线反射系数高的材料（如抛光铝板）制成的反射罩。

（5）在使用过程中，应保持紫外线灯表面的清洁，每 1~2 周用酒精纱布或棉球擦拭 1 次。发现灯管表面有灰尘、油污时，应随时擦拭。

（6）应定期测定紫外线的辐射照度，一旦降到辐射照度要求以下，应及时更换。紫外线辐射照度每年至少在计量部门检定 / 校准 1 次。

（7）不得使紫外线光源照射到人，以免引起损伤。紫外线灯开关应与照明灯开关保持一定距离并做出明显标识，安装在婴幼儿不能触及处。建议安装具有自动控制或遥控功能的紫外线灯。

（8）在室内有人环境，采用反向式紫外线灯持续照射消毒时，应使用无臭氧紫外线灯。

技能 2　编织物（毛巾、餐巾）的消毒

一、操作准备

清洗干净毛巾、餐巾，选择合适的消毒工具。

二、操作程序与要求

1. 煮沸消毒

煮锅内的水应将物品全部淹没。水沸后开始计时，持续煮沸 15 min。计时后不得再加入物品，否则持续加热时间应从重新加入物品后再次煮沸时算起。

2. 流通蒸汽消毒

利用 100 ℃水蒸气消毒 10 min。常用的流通蒸汽消毒设备有蒸汽消毒柜、蒸汽消毒车，也可用蒸饭箱，按使用说明书进行操作。消毒时间应在水沸腾并冒出蒸汽后开始计算；毛巾、餐巾不要浸湿放入，否则妨碍空气的置换；在消毒时注意排出消毒柜内的冷空气。

3. 二溴海因消毒液浸泡消毒

将编织物放入浓度为 250 mg/L 的二溴海因消毒液内，浸泡 10 min，然后洗涤。怀疑有肝炎病毒、手足口病毒污染时，用浓度为 1 000 mg/L 的二溴海因消毒液，作用 30 min。二溴海因对有色织物有脱色作用，谨慎用于有色织物。

4. 季铵盐消毒液浸泡消毒

对有色织物，可用浓度为 2 000 mg/L 的季铵盐消毒液浸泡 10 min，然后洗涤。

5. 消毒柜消毒

按照产品使用说明书规定的方法进行消毒处理。注意将毛巾、餐巾散开，不能叠放。

三、注意事项

1. 使用消毒剂消毒后，要用清水把残留消毒剂洗掉或擦掉。

2. 消毒应在清洁工作之后进行。

3. 消毒后，要用镊子或者把手彻底洗净后，将毛巾、餐巾放到规定位置，避免二次污染。

技能 3 室内空气的消毒

一、操作准备

清洁房间，选择合适的消毒方法。

二、操作程序与要求

1. 通风消毒

在外界温度适宜、空气质量良好时，定时打开门窗自然通风，可以有效改善空气质量，是最简单、有效的空气净化方法。在通风良好的情况下，通风 30 min，可使室内空气中的细菌减少 77.3%~79.3%。室内空气消毒要求每日通风 2 次，每次至少 10~15 min。如果空气污染严重，不宜采用自然通风的方法，应当采用紫外线消毒。

2. 紫外线消毒

使用紫外线空气消毒器，一般每天消毒 2 次，每次消毒 30 min。室内有可疑感染者时，可设置自动连续性消毒。使用紫外线灯，按照 1.5 W/m^2 的能量密度、每次消毒 60 min 的要求进行。

3. 臭氧消毒机消毒

臭氧是一种广谱杀菌剂，可杀灭细菌繁殖体和芽孢、病毒、真菌等，并可破坏肉毒杆菌毒素。消毒后，臭氧会快速还原成氧气，无有毒、有害物质的残留。消毒宜在无人条件下进行。

三、注意事项

1. 在室内外温差比较大时，开窗通风应尽量选择婴幼儿不在室内时进行，注意循序渐进。

2. 在室外空气质量较差（如雾霾、大风天、沙尘暴等天气）时，应避免开窗通风。

3. 传染病流行时期，应增加通风次数，延长通风时间。

4. 使用紫外线灯消毒和臭氧消毒机消毒时，应严格按照说明操作。消毒结束后，需开窗通风换气。

5. 有中央空调的房间，可在空调的出风口和回风口处安装紫外线消毒装置，每天消毒 2 次。疑有感染者时，可设置间歇性消毒或连续性消毒。

技能 4　餐（饮）具的消毒

一、操作准备

清洁餐（饮）具，选择合适的消毒工具。

二、操作程序与要求

1. 煮沸消毒

煮锅内的水应将物品全部淹没。水沸后开始计时，持续煮沸 15 min。计时后不得再加入物品，否则持续加热时间应从重新加入物品后再次煮沸时算起。

2. 流通蒸汽消毒

利用 100 ℃水蒸气消毒 10 min。消毒时间应在水沸腾并冒出蒸汽后开始计算；餐具应垂直放置并留有空隙，防止空气留存在死腔内；消毒物品多时勿用铁盆盛装，最好使用漏孔金属筐；在消毒时注意排出消毒柜内的冷空气。

3. 远红外线消毒柜消毒

按照产品使用说明书规定的方法进行消毒处理，如图 1–4 所示。消毒柜分为高温型和紫外线臭氧型，消毒餐具必须用高温型。

a）

b）

c）

图 1-4　远红外线高温消毒

a）把洗净、抹净余水的食具平行倒放

b）把洗净、抹净余水的食具斜放于柜内架层上

c）关好柜门，扭动启动键

三、注意事项

1. 保证消毒时间，严格按照消毒时间要求进行消毒。

2. 关注消毒间的安全。

3. 消毒后的餐（饮）具应存放在清洁密闭的容器内，以免再次污染。

技能 5　果蔬的消毒

一、操作准备

250 mg/L 的二溴海因消毒液、生活饮用水、水盆等。

二、操作程序与要求

用清水冲洗果蔬，再用 250 mg/L 的二溴海因消毒液浸泡 10 min，最后用生活饮用水冲洗干净。

三、注意事项

一般果蔬在食用前用净水洗净即可，怀疑有病原微生物污染时，才需要消毒。

培训单元 2　常见传染病的有效消毒

培训重点

- 了解常见传染病的传播途径及一般预防措施。
- 能根据传染病的传播途径进行相应的消毒。

知识要求

一、传染病的基础知识

1. 传染病的概念

传染病是指由病原体引起的，能够在人与人之间或人与动物之间传播的疾病。

传染病与非传染病相比，具有以下特征。

（1）特异的病原体

传染病是由某种特定的病原体感染致病，而非传染病可以由多种病原体致病，也可由非病原体致病。

（2）传染性和流行性

传染性和流行性是传染病的突出特点。

（3）免疫性

多数传染病在病愈后，体内将产生针对该病原体的特异性抗体，以保护机体不再被感染而患病。

（4）规律性

传染病从感染、发病到痊愈，发展病程比较有规律，通常都要经历潜伏期、前驱期、症状明显期、恢复期四个阶段。

2. 传染病传播的基本环节

任何一种传染病在人群中传播和流行都必须具备三个基本要素，即传染源、传播途径、易感者。

（1）传染源

传染源是指能传播病原体的人或动物，包括病人、携带者和受感染的动物。

（2）传播途径

传播途径是指病原体经一定方式入侵另一易感者所经由的途径。常见的传播途径有空气传播、饮食传播、接触传播、虫媒传播、血液传播、母婴传播等。

（3）易感者

易感者是指对某种传染病缺乏特异性免疫力或免疫力较弱，被传染后易发病的人。学前儿童是多种传染病的易感者。

3. 常见传染病的一般预防措施

托幼机构可通过控制传染源、切断传播途径、保护易感儿童等举措来防止传染病的流行。

（1）控制传染源

控制传染源是指通过及时发现传染源，并对其实施控制，以减少接触和传播他人的机会。托幼机构的卫生保健人员及保教人员应熟练掌握儿童常见传染病的早期症状及发展情况，以及早发现疫情；要加强常规检查，做到早预防、早发现、早隔离、早报告。

（2）切断传播途径

根据传染病的传播途径，采取相应的预防措施，使病原体无法在人群中扩散。加强晨检和全日观察，在传染病流行期间采取必要的预防措施，保护易感儿童。同时加强对家长的宣传教育，告诫家长在传染病流行期间不要带孩子到人口密集的公共场所。

（3）保护易感儿童

提升儿童的抵抗力，是保护儿童预防传染病的最佳措施。通常的做法包括预防接种、加强体育锻炼、保证营养与睡眠等。一旦发现疫情，应积极配合当地疾病预防控制部门做好随时消毒和终末消毒，以杀灭可能存在于外界环境中的病原体。

二、婴幼儿常见呼吸道传染病

1. 流行性感冒

流行性感冒简称流感，是由流行性感冒病毒引起的急性呼吸道传染病。

（1）流行病学特点

流感患者和隐性感染者是流感的主要传染源。流感主要通过飞沫经呼吸道传播，也可通过口腔、鼻、眼睛等处的黏膜直接或间接接触传播。接触患者的呼吸道分泌物、体液和被病毒污染的物品也可成为传播途径。人群普遍易感，在感染后虽可产生一定的免疫力，但在不同亚型之间无交叉免疫力，当病毒变异后，人群会重新易感而反复发病。

（2）临床表现

流感潜伏期为1~4天。局部症状较轻，全身症状较重。主要症状为发热，体温可达39~40 ℃，多伴头痛、四肢肌肉酸痛、乏力，少部分出现恶心、呕吐、腹泻，儿童的消化道症状多于成人。婴幼儿流感的临床症状往往不典型。

（3）诊断

流感的诊断主要依据流行病学史、临床表现和病原体检查。

（4）治疗

患儿应卧床休息，多饮水，对症治疗，或遵医嘱服用抗流感病毒药物。

（5）预防

在流行地区或流行季节加强检疫，以尽早发现患儿并及时隔离。加强环境的消毒，防止疫情扩散。养成良好的个人卫生习惯，加强体育锻炼，增加营养以增强体质，提高免疫力。对易感人群可接种流感疫苗。

2. 麻疹

麻疹是由麻疹病毒引起的传染性极强的严重疾病。麻疹病毒为 RNA 病毒。麻疹病毒在外界生存力弱，不耐热，对紫外线和消毒剂均较为敏感。随飞沫排出的病毒在室内可存活至少 32 h，但在流通的空气中或阳光下半小时即失去活力。

（1）流行病学特点

麻疹患者是唯一的传染源。感染早期，病毒在患者呼吸道大量繁殖，含有病毒的分泌物经过患者的呼吸、咳嗽或喷嚏排出体外并悬浮于空气中。病毒可通过呼吸道进行传播，与患者密切接触或直接接触患者的鼻咽分泌物亦可传播。患病后可产生持久的免疫力，大多可达到终身免疫。麻疹患者出疹前后的 5 天均有传染性，有并发症的患者传染性可延长至出疹后 10 天。麻疹以冬春季节发病为多。

（2）临床表现

典型麻疹临床表现分为四期：潜伏期、前驱期、出疹期、恢复期。

1）潜伏期。大多 6~18 天（平均 10 天左右）。潜伏期末可有低热或全身不适。

2）前驱期。常持续 3~4 天。主要表现为发热，同时出现咳嗽、喷嚏、咽部充血等。麻疹黏膜斑（Koplik 斑）是麻疹早期的特异性体征，常在出疹前 1~2 天出现。部分可有一些非特异性症状，如全身不适、食欲减退、精神不振等。

3）出疹期。多在发热 3~4 天后出现皮疹，先出现于耳后、发际，渐及额、面、颈部，自上而下蔓延至躯干、四肢，最后达手掌与足底。皮疹初为红色斑丘疹，呈充血性，疹间可见正常皮肤，不伴痒感，而后部分融合成片，颜色加深呈暗红色。

4）恢复期。若无并发症发生，出疹 3~4 天后发热开始减退，食欲、精神等全身症状逐渐好转，皮疹按出疹的先后顺序开始消退。疹退后皮肤留有棕褐色色素沉着，伴糠麸样脱屑，一般 7~10 天后消退。

（3）诊断

根据流行病学资料、麻疹接触史、急性发热、畏光、眼鼻卡他症状等，应怀疑麻疹的可能。皮疹出现以前，依靠 Koplik 斑可以确诊。疹退后的皮肤脱屑及色素沉着等特点，可帮助作出回顾性诊断。借助病原学诊断手段亦可确诊。

（4）治疗

麻疹没有特异性治疗方法，主要为对症治疗、加强护理和预防并发症。没有并发症的患儿大多在发病后的2~3周内康复。让患儿卧床休息，保持室内适当的温度、湿度和空气流通，避免强光刺激。鼓励患儿多饮水，给予易消化和营养丰富的食物。高热时可酌情使用退热剂，但应避免急骤退热，特别是在出疹期。出现并发症者给予相应治疗，继发细菌感染可给予抗生素。

（5）预防

提高人群免疫力，减少麻疹易感人群是消除麻疹的关键。可接种麻疹减毒活疫苗预防。我国儿童免疫规划程序规定，出生后8个月为麻疹疫苗的初种年龄，18~24月龄的婴儿要完成第2剂次接种。对麻疹病人要做到早发现、早报告、早隔离、早治疗。一般隔离至出疹后5天，合并肺炎者延长至出疹后10天。流行期间易感儿童避免到人群密集的场所去。

3. 风疹

风疹是由风疹病毒引起的急性呼吸道传染病。风疹病毒是一种小球形包膜病毒，对外界环境抵抗力较弱，能被紫外线及多种消毒剂杀灭，但对寒冷及干燥环境有一定耐受力。

（1）流行病学特点

风疹患者是唯一的传染源，出疹前后其传染性最强。风疹病毒存在于患儿鼻咽部的分泌物中，通过空气中的飞沫经呼吸道传染。6个月婴儿至学前儿童为易感人群，病后有持久的免疫力。该病多发生于冬春季节，由于多数患儿为隐性感染，无皮疹及临床症状出现，风疹的传染流行情况往往会被低估。

（2）临床表现

风疹的潜伏期为14~21天，开始有发热、全身不适及皮疹，可伴有咳嗽、流鼻涕和咽痛，浅表淋巴结肿大并伴有轻度触痛，以耳后和枕部淋巴结肿大最为明显，持续2~7天消退。在发热的当日或第2天即出现皮疹，呈充血性斑丘疹，多见于面部及躯干部位，四肢较少，手脚心多无皮疹出现。皮疹经2~3天即开始消退，一般没有皮屑脱落，也不遗留色素沉着。

（3）诊断

风疹的临床症状轻微，一般难以诊断。在风疹流行期，可根据皮疹的特点，如皮疹出现得较早，且细小色淡，全身症状轻微，耳后及枕部淋巴结肿大，即可做出诊断。非典型病例常需要借助病原学诊断手段。

（4）治疗

目前，尚无抗风疹病毒的特效药，发病后应隔离至出疹后5天。其间，要加强护理，让患儿卧床休息，多喝水，进食易消化的食物，必要时对症治疗。

（5）预防

为预防风疹感染，接种风疹减毒活疫苗是最有效的措施。对 8 个月以上的婴幼儿可接种麻疹、腮腺炎和风疹减毒活疫苗，6 岁时复种 1 剂。

4. 水痘

水痘是由水痘－带状疱疹病毒引起的具有高度传染性的儿童期出疹性疾病，与带状疱疹为同一病毒所引起的两种具有不同表现的临床病症。该病毒在体外抵抗力弱，对热、酸和各种有机溶剂敏感，不能在痂皮中存活。

（1）流行病学特点

水痘患者为本病的传染源，可通过呼吸道飞沫或直接接触感染者的皮肤损伤处传染。传染期从出疹前 1~2 天至病损结痂，约 7~8 天。人群普遍易感，主要见于儿童，以 2~6 岁为高峰，20 岁以后发病者 <2%。若孕妇分娩前 1 周内患水痘可感染胎儿，常于出生后 10 天内发病。

（2）临床表现

典型的水痘出疹前可出现前驱症状，如发热、不适和厌食等，24~48 h 出现皮疹。皮疹首发于头、面和躯干，继而扩展到四肢，呈向心性分布；皮疹陆续分批出现，伴明显痒感，在疾病高峰期可见到斑疹、丘疹、疱疹和结痂同时存在；黏膜皮疹还可出现在口腔、眼结膜、生殖器等处，易破溃形成浅溃疡。水痘为自限性疾病，全身症状和皮疹较轻，10 天左右痊愈。皮疹结痂后一般不留瘢痕。

（3）诊断

典型水痘临床诊断不困难，对非典型病例可进行实验室检查帮助确诊。

（4）治疗

水痘是自限性疾病，无合并症时以一般治疗和对症处理为主。患者应隔离，加强护理，如勤换内衣、剪短指甲、戴手套以防抓伤和减少继发感染等。保持空气流通，供给足够水分和易消化食物。皮肤瘙痒可局部使用炉甘石洗剂，必要时可给少量镇静剂。抗病毒药物首选阿昔洛韦，应尽早使用。继发细菌感染时，给予抗生素治疗。

（5）预防

水痘可通过免疫接种来预防。水痘减毒活疫苗既可用作单一抗原，也可与麻疹、腮腺炎和风疹减毒活疫苗结合使用。水痘患儿应隔离至皮疹全部结痂为止。对有接触史的易感儿童应检疫 3 周。

5. 流行性腮腺炎

流行性腮腺炎是由腮腺炎病毒引起的急性呼吸道传染病，最常影响 5~15 岁的儿童。全年均可发生感染流行，但以冬春季发病较多。一次感染后多可获得终身免疫。腮腺炎病毒对物理和化学因素敏感，来苏、甲醛溶液（福尔马林）等均能在 2~5 min 内将其灭活，紫外线照射也可将其杀灭，加热至 56 ℃、20 min 即失去活力。

（1）流行病学特点

人是该病毒的唯一宿主。腮腺炎患者和携带者是本病的传染源，主要通过空气飞沫或直接接触在人与人之间传播。

（2）临床表现

流行性腮腺炎的潜伏期为 14~25 天，平均 18 天左右。最初的症状通常是非特异性的，如头痛、倦怠和发热，随后出现腮腺肿胀和疼痛，部分患儿以此为首发症状。常先见一侧，然后另一侧也相继肿大，位于下颌骨后方和乳突之间，以耳垂为中心向前、后、下发展，边缘不清，表面发热，触之有弹性感并有触痛，1~3 日内达高峰。腮腺肿大可持续 5 天左右，随后逐渐消退。患者可有不同程度发热，持续时间不一，短为 1~2 天，多为 5~7 天，亦有体温始终正常者，伴有头痛、乏力、食欲减退等症状。

（3）诊断

通常根据流行病学史、临床症状和体格检查，即可做出腮腺炎的诊断。对可疑病例可进行血清学检查及病毒分离以确诊。

（4）治疗

无特异性抗病毒治疗，以对症处理为主。注意保持口腔清洁、清淡饮食，忌酸性食物，多饮水。对并发睾丸炎者应遵医嘱服药。

（5）预防

患者应隔离直至腮腺肿胀完全消退为止。集体机构中有接触史的儿童应检疫 3 周。可通过接种腮腺炎减毒活疫苗进行主动免疫。据世界卫生组织报道，截至 2016 年年底，腮腺炎减毒活疫苗已在 121 个国家推行，通常以麻疹、腮腺炎和风疹三联疫苗的形式纳入国家免疫规划，均取得良好的保护作用。

三、婴幼儿常见消化道传染病

1. 细菌性痢疾

细菌性痢疾是由痢疾杆菌引起的肠道传染病，简称菌痢。痢疾杆菌也称志贺菌病，在体外生存能力极强，在食物和污染物上可生存 1~3 周，温度越低生存时间越长，对酸及一般化学消毒剂敏感。

（1）流行病学特点

急慢性菌痢患者和携带者均为传染源，苍蝇为传播媒介，可通过粪－口途径传播，在流行季节如饮用水或食物被污染可引起暴发流行。菌痢一年四季均可发病，夏秋季节高发，人群普遍易感。

（2）临床表现

菌痢的潜伏期为数小时至 7 天，多数为 1~2 天。

1）急性菌痢。可分为普通型、轻型和中毒型。

①普通型急性菌痢。起病急，发热是最早出现的症状，可伴有畏寒、全身不适和酸痛。发热后很快出现腹痛和腹泻。腹痛呈痉挛性绞痛，可为全腹部或左腹部疼痛。患者伴里急后重，大便次数增多，每次量不大，开始为稀便或水样便，1~2 天后为黏液脓血便。自然病程 1~2 周，大多数经治疗可痊愈，部分转成慢性菌痢。

②轻型急性菌痢。全身中毒症状轻，无发热或低热，腹泻，每日不超过 10 次，大便有黏液，无典型脓血便，有轻微的里急后重感，有腹痛或左下腹部压痛。

③中毒型急性菌痢。最严重的一种急性菌痢。起病急骤，高热或超高热，精神萎靡，迅速出现反复惊厥、神志障碍及呼吸、循环衰竭。早期消化道症状不明显，甚至无腹痛和腹泻，需用直肠拭子或生理盐水灌肠采集大便，检查发现大量脓细胞及红细胞。

2）慢性菌痢。症状反复发作或迁延不愈，病程达 2 个月以上的称为慢性菌痢。表现为腹泻迁延不愈，为黏软便或成形便带黏液和少量脓血，时有腹痛和腹胀等。

（3）诊断

根据当地流行情况，有菌痢患者接触史、不洁净饮食史，结合患儿临床表现、大便镜检或大便细菌培养可确诊。

（4）治疗

按肠道传染病进行隔离。让患儿卧床休息，让患儿给予流质或半流质饮食。补充水分，抗生素类可选用第三代头孢菌素、阿奇霉素、复方新诺明等，疗程不宜短于 5 天。

（5）预防

菌痢的预防以切断传播途径为主要的预防措施。搞好个人、环境卫生，注意饮食和饮水卫生是切断传播途径的重要环节。患儿应隔离至临床症状消失，大便培养连续 2 次阴性。密切接触者应接受医学观察 7 天。

2. 手足口病

手足口病是由肠道病毒引起的急性发热出疹性疾病，发病人群以 5 岁以下儿童为主，同一儿童可因感染不同血清型的肠道病毒而多次发病。手足口病的主要病原体是肠道病毒 71 型（EV71）和柯萨奇病毒 A16 型，属于小 RNA 病毒科肠道病毒属，适合在湿、热的环境中生存，不易被胃酸和胆汁灭活，对来苏、氯仿等不敏感；但不耐强碱，对紫外线及干燥敏感，漂白粉、甲醛、碘酊等能使其灭活。

（1）流行病学特点

人类是已知肠道病毒的唯一宿主。手足口病患者和隐性感染者均为传染源，主要通过粪 – 口途径传播，亦可经接触患者呼吸道分泌物、疱疹液及污染的物品而感染，疾病流行季节医源性传播也不容忽视。人群对手足口病的病毒普遍易感，但成人大多可通过无症状感染获得相应的抗体，因此临床上以儿童感染为主，尤其容易在托幼机构的儿童之间流行。

（2）临床表现

手足口病的临床表现复杂而多样。根据临床病情的轻重程度，分为普通病例和重症病例。

1）普通病例。急性起病，可发热或不伴发热，多有咳嗽、流涕、食欲缺乏等非特异性症状。手、足、口、臀等部位可见散发性的皮疹和疱疹，偶见于躯干。口腔内疱疹多位于舌、口腔黏膜等处，常发生溃疡。皮疹不留瘢痕或色素沉着。无并发症表现，多在 1 周内痊愈，预后良好。

2）重症病例。少数病例除了具有手足口病的临床表现外，还伴有神经系统、呼吸系统、循环系统等并发症，为重症病例。

（3）诊断

根据流行病学资料，急性起病，发热（部分病例可无发热）伴手、足、口、臀部皮疹可以做出临床诊断。少数重症病例皮疹不典型，临床诊断困难，需结合病原学或血清学检查做出诊断。

（4）治疗

目前尚无特效抗病毒药物和特异性治疗手段，主要是对症治疗。让患儿适当休息，清淡饮食，做好口腔和皮肤护理，并注意隔离，避免交叉感染。

（5）预防

患儿应隔离。本病流行期间不宜到人群聚集的公共场所，注意保持环境卫生，勤洗手，居室要经常通风，勤晒衣被。加强疫情监测，做到早发现、早诊断、早隔离、早治疗。我国自行研制的 EV71 灭活疫苗已经上市，可用于 6 月龄至 5 岁儿童，接种两剂，间隔 28 天，肌内注射。

3. 病毒性肝炎

病毒性肝炎是由多种不同肝炎病毒引起的以肝脏损害为主的一组全身性传染病。按病原学分类，可分为甲型肝炎、乙型肝炎、丙型肝炎、丁型肝炎、戊型肝炎五类。病毒性肝炎传染性强、传播途径复杂、传播范围广，其中甲型肝炎、乙型肝炎的感染率较高。

（1）流行病学特点

甲型肝炎和戊型肝炎的传染源以急性期病人和亚临床性感染为主，主要经粪 - 口传播。乙型肝炎、丙型肝炎和丁型肝炎的传染源还包括慢性患者和病毒携带者，传播途径包括血液传播、性传播和母婴垂直传播。

（2）临床表现

不同类型的肝炎潜伏期不一致，甲型肝炎潜伏期 2~6 周，乙型肝炎潜伏期 1~6 个月，丙型肝炎潜伏期 2 周 ~6 个月。临床表现有共同性，一般分为急性、慢性、淤胆型和重型四个类型。

1）急性肝炎。急性肝炎可分为急性黄疸型肝炎和急性无黄疸型肝炎。急性黄疸型肝炎以甲型肝炎感染多见，起病急，发热，体温可高达 39 ℃左右，常伴有呼吸道感染症状，继而出现食欲不振、恶心、呕吐、全身乏力，持续 5~7 天后进入黄疸期，皮肤、巩膜黄染，肝区隐痛，肝大，有叩击痛，持续 2~4 周进入恢复期。急性无黄疸型肝炎无黄疸出现，其余症状与急性黄疸型肝炎相似，但是起病较为缓慢，病情较轻。

2）慢性肝炎。以乙型肝炎感染多见，病程迁延 6 个月以上，伴或者不伴肝脏外多脏器的损害。

3）淤胆型肝炎。黄疸比较深，病程比较长。

4）重型肝炎。起病急，黄疸迅速加深，出现神经系统症状和严重的肝功能损害，病死率较高。

（3）诊断

根据流行病学特点、临床表现、实验室检测可以明确诊断。

（4）治疗

根据不同病原、不同临床表现类型区别对待，主要是以休息、合理营养为主，药物疗法为辅。

（5）预防

急性肝炎患者需要隔离治疗。预防措施包括做好环境和个人卫生，加强粪便和饮水管理，做好食品卫生和用具消毒等。甲型肝炎和乙型肝炎可通过接种疫苗来预防，丙型肝炎、丁型肝炎和戊型肝炎目前没有疫苗。

四、常见传染病的消毒方法

1. 开窗通风消毒法

具体内容参见培训单元 1 技能 3 通风消毒。

2. 紫外线消毒法

具体内容参见培训单元 1 技能 3 紫外线消毒。

3. 煮沸和流通蒸汽消毒法

具体内容参见培训单元 1 技能 4 煮沸消毒、流通蒸汽消毒。

4. 化学消毒法

化学消毒是指用化学药物杀灭病原微生物的方法，所使用的化学药物称为消毒剂。

5. 日晒消毒法

在太阳下暴晒消毒，一般用于被褥和衣服，阳光直接照射 6~8 h。

技能操作

技能 1　呼吸道传染病的消毒

一、操作准备

1. 正确判断常见呼吸道传染病的类型。婴幼儿常见呼吸道传染病有流感、麻疹、风疹、水痘、流行性腮腺炎等。

2. 准备消毒物品，包括消毒剂、紫外线灯、水盆、喷壶、清水抹布、消毒抹布等。

二、操作程序

1. 隔离患儿

将患儿带到保健室，同时尽快通知家长带患儿到医院就诊。对接触者进行医学观察。传染病流行期间，要加强入园检查，尽量避免患儿入园。

2. 空气和飞沫的消毒

具体内容参见培训单元 1 技能 3“室内空气的消毒”。

3. 污染环境表面和物品、玩具的消毒

具体内容参见培训单元 1 技能 1“物体、环境表面的消毒”。

三、注意事项

1. 对受到痰液和排泄物污染的物品、玩具表面和环境，消毒剂使用剂量和作用时间加倍。

2. 进行空气消毒时应适当增加消毒频次，以防潜伏期感染者的传播，直至接触者度过了该病的最长潜伏期而没有出现新的病例，恢复常态消毒。

技能 2　消化道传染病的消毒

一、操作准备

1. 正确判断常见消化道传染病的类型。婴幼儿常见消化道传染病有细菌性痢疾、手足口病、病毒性肝炎。

2. 准备消毒物品，包括消毒剂、紫外线灯、水盆、喷壶、清水抹布、消毒抹布等。

二、操作程序与要求

1. 一般肠道细菌感染的消毒

（1）环境和用品表面的消毒。参照培训单元 1 技能 1“物体、环境表面的消毒”和技能 2“编织物（毛巾、餐巾）的消毒”，消毒剂使用剂量加倍。有明显分泌物和排泄物污染者，按排泄物和消毒剂 200∶1 的比例，加入 50% 二溴海因消毒剂（浓度为 2 500 mg/L），搅匀，作用 30 min，倒弃。

（2）餐具、茶具的消毒。参照培训单元 1 技能 4“餐（饮）具的消毒”。

（3）手的消毒，采用七步洗手法。

（4）饮水和食物的消毒。饮水应煮沸 3 min，果蔬食用前应清洗、消毒，食物应煮熟后食用。患儿吃过的剩余食物，应煮沸或蒸汽消毒 5 min 后倒弃；或按

100∶1 的比例加入浓度为 500 mg/L 的二溴海因消毒剂搅匀，消毒 30 min 后倒弃。

2. 肠道病毒感染的消毒

（1）环境和用品表面的消毒。用浓度为 1 000 mg/L 的二溴海因消毒液消毒，或含氯消毒剂擦拭、喷洒或浸泡消毒，作用时间 30 min。有明显污物污染的表面，应清洗后消毒，或消毒时间加倍。

（2）餐具、茶具的消毒。用浓度为 1 000 mg/L 的二溴海因消毒液或含氯消毒液浸泡消毒，作用时间 30 min。如用紫外线 – 臭氧餐具消毒器消毒，按说明书进行操作。

（3）手的消毒。用浓度为 3 000 mg/L 的碘伏消毒液浸泡消毒，作用 5 min。

（4）饮水和食物的消毒。饮水应煮沸 15 min，食物应煮熟后食用。患儿吃过的剩余食物，应煮沸或蒸汽消毒 15 min 后倒弃。

（5）呕吐物和排泄物的消毒。按排泄物和消毒剂 100∶1 的比例，加入 50% 二溴海因消毒剂或含氯消毒剂（浓度为 5 000 mg/L），搅匀，作用 30 min，倒弃。

（6）其他表面的消毒。卫生间、浴室、交通工具等的表面，用浓度为 1 000 mg/L 的二溴海因消毒液或含氯消毒液，擦拭或喷雾消毒，作用 30 min。

培训项目 3 资产管理

培训单元　班级卫生设施、设备资产的管理

培训重点

➔ 了解物品管理的基本要求和制度。

➔ 了解班级的卫生设施、设备资产。

➔ 掌握清洁、消毒等危险物品的管理常识，妥善保管好危险物品，科学管理班级清洁、消毒的固定资产，并做好登记。

知识要求

一、班级卫生设施、设备

在日常保育工作中，生活用品必不可少，它是保证婴幼儿正常生活的必需用品，必须妥善保管、精心维护，保证使用。生活用品主要由保育员负责保管。

1. 班级常用的清洁工具

消毒水桶、清洁水桶、马桶刷、拖把、扫帚、簸箕、抹布、水盆等。

2. 班级常用的消毒设施、设备

臭氧消毒机、消毒柜、紫外线灯等。

二、班级卫生设施、设备资产管理制度

1. 各种物品应放在固定、安全的位置

保温桶、消毒机、消毒柜要固定，避免砸伤婴幼儿。如果是移动式紫外线灯，要放置在仓库或者保管室。清洁工具放置在仓库或者保管室。如果班级中没有仓库或者保管室，可在盥洗室中安装吊柜或在睡眠室中安装壁柜存放。可能伤害婴幼儿的物品要放到安全的地方。

2. 做好登记入册

入班级的物品，首先要做好登记，记录入班时间、物品名称、经手人等信息。保育员对所保管的物品必须经常清点登记，并与记录相互核对，保证物品数量、品种正确无误。不得借给私人使用，其他班级借用要及时归还，如使用时间过长，要有借条。

3. 及时报修损坏的设备

对损坏的物品要及时报修或更换，并说明损坏的原因，对失责造成的损坏或丢失，要照价赔偿。

三、对消毒危险物品的特殊要求

1. 应存放在安全、固定的位置，专人负责保管。班级消毒用品一般归保育员管理，需放置在婴幼儿拿不到的安全的地方。

2. 严格按照说明书的要求存放、保管消毒剂。不同类型的消毒剂有不同的管理方法，要严格按照说明书存放。

3. 使用应有详细记录。消毒剂的使用需要详细登记使用时间、浓度、使用范围、使用方法等；紫外线灯要详细记录清洁时间、开启时间、关闭时间、累计使用时间等。

4. 一次性使用不完的消毒液及容器应按照规定统一回收处理，切不可随意丢弃，更不能随意放在盥洗室，以防好奇的婴幼儿接触，引起安全事故。

技能操作

班级卫生设施、设备资产的管理

一、操作准备

物品整理时间一般选择在婴幼儿离园、本班级卫生打扫完毕后。

二、操作程序

1. 清点登记

对班级的卫生设施、设备资产进行清点，与登记本相互核对，如有出入，需要仔细查看记录，找出原因，如图 1–5 所示。

a）

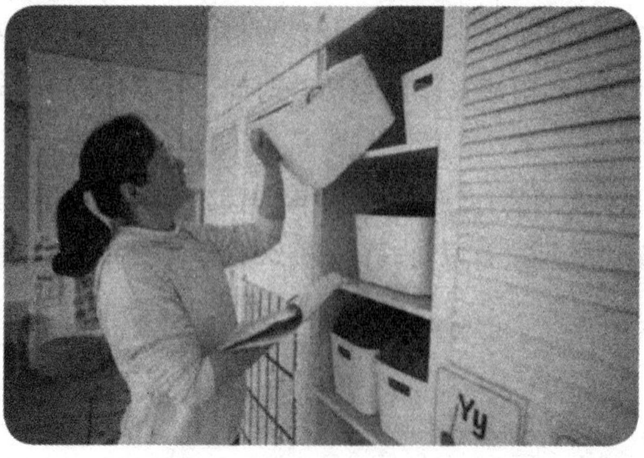

b）

图 1–5　物品清点登记

2. 妥善保管

所有物品均应放在固定、安全的位置，如图 1–6 所示。使用后的清洁工具放入仓库；需要固定的工具、设备应查看固定情况。

图 1–6 物品保管

3. 规范使用

规范使用各种设施、设备。不同区域的拖把不可混用，水桶、水盆使用后清洁干净，消毒柜、紫外线灯按照说明使用。

4. 精心维护

爱护物品，避免人为损坏。对失责造成的损坏或丢失，要照价赔偿。

三、注意事项

为杜绝事故隐患，托幼机构必须做好防范措施。安全教育是防范措施中重要的一环。要提高婴幼儿的自身保护能力，教育婴幼儿不互相打闹，不带、不玩有毒性的玩具及物品，不拿拖把、扫帚玩耍等，减少发生意外事故的可能。

职业模块 二
生活管理与教育

培训项目 1 进餐管理与指导

培训单元 1 介绍食物的营养特点

培训重点

- 掌握膳食对婴幼儿身体健康的意义。
- 掌握常见食物的营养成分。
- 能使用恰当的方式向婴幼儿介绍饭菜。
- 掌握食物过敏的表现以及容易过敏的食物。

知识要求

一、膳食对婴幼儿生长发育和健康的意义

均衡多样化的膳食可以为婴幼儿提供保障生长发育和健康所需的能量以及各种必需营养素。

二、常见食物的营养成分

常见食物的营养成分见表 2–1。

婴幼儿易偏向选择自己喜欢或常吃的食物，保育员应提前掌握婴幼儿易对哪些食物挑食，着重讲解其营养特点，提高婴幼儿对不同食物的兴趣。

表 2-1　常见食物的营养成分

类别	品种	主要营养成分
谷物类	米、面、杂粮等	碳水化合物、蛋白质、纤维素、B 族维生素等
动物类	肉、禽、鱼、奶、蛋类等	蛋白质、脂肪、无机盐、维生素 A、B 族维生素等
豆类及豆制品	大豆及其他干豆类	蛋白质、脂肪、纤维素、无机盐、B 族维生素等
蔬菜与水果类	鲜豆、根茎菜、叶菜、茄果	纤维素、无机盐、胡萝卜素、维生素等
其他	植物油、食用糖	脂肪、碳水化合物等

三、介绍饭菜的方式

1. 通过情景言语介绍

对于年龄较小的孩子可采用拟人化的语气或语句介绍饭菜，尽量浅显易懂，如图 2-1 所示。例如，胡萝卜是小白兔最喜欢的食物，胡萝卜中含有丰富的营养素，比如维生素 A，它可以让小白兔的眼睛明亮有神，小朋友吃后眼睛也会炯炯有神。

图 2-1　膳食教育

2. 通过游戏活动介绍

开展猜谜语活动猜菜名，可充分满足婴幼儿的好奇心和求知欲。例如，打一植物：圆脸像苹果，酸甜营养多，既能做菜吃，又可当水果（谜底：西红柿）。

3. 报菜名猜食物

可轮流邀请中大班幼儿提前了解当日菜单，担任介绍人念出当日菜名，由其他小朋友猜菜品中可能包含的食物或配料，既可使幼儿了解中华菜名的文化，也可熟悉各种食物的烹饪手法。

四、食物过敏知识

食物过敏是指由食物蛋白引起的异常或过强的免疫反应，食物蛋白为食物过敏原。

1. 食物过敏的表现

食物过敏的表现与免疫反应类型有关。免疫球蛋白 E（IgE）介导的食物过敏常为急性反应，涉及一个或多个器官，如湿疹、荨麻疹、腹泻、呕吐、咳嗽、流鼻涕，严重者可致休克，甚至死亡；非 IgE 介导的食物过敏多为慢性消化道炎症；还有 IgE 和非 IgE 混合介导的食物过敏。食物过敏多见于 2 岁以下婴儿，但少数可一直延续到成年。全球食物过敏的发生率呈逐渐增多的趋势。

2. 容易引起过敏的食物

引起食物过敏的常见食物主要有鸡蛋、牛奶、小麦、花生、大豆、鱼、坚果、贝壳类动物共八大类。任何食物均有引起过敏的可能。

技能操作

介绍饭菜的营养特点

一、操作程序

1. 确定介绍饭菜的人员

根据年龄班和孩子实际情况的不同介绍人可分别由保育员、教师或孩子来担任。

2. 选择介绍饭菜的方式

根据年龄班和孩子实际情况的不同，介绍人可采用不同方式来介绍食物，例如通过情景言语介绍、通过游戏活动介绍、报菜名猜食物等。

二、注意事项

1. 关注过敏婴幼儿

根据孩子父母提供的信息确认孩子的过敏食物，必要时请父母提供专科医生的诊断或过敏原检测报告。要在食物过敏孩子餐桌上做好标记，并牢记，在出现过敏食物时，采用替换菜品的方式供其进餐。

2. 不强迫进食

对于不愿进食、挑食的孩子应予以正面教育，鼓励其尝试，但不强迫进食。

培训单元 2　指导幼儿独立自主进餐

培训重点

- 了解创设良好进餐环境的意义，掌握创设良好进餐环境的方法。
- 能指导幼儿独立自主进餐。
- 能指导幼儿养成良好进餐礼仪。

知识要求

一、创设良好进餐环境的意义

营造良好进餐环境有助于促进婴幼儿的食欲，让婴幼儿保持轻松愉快的进餐心情。在温馨的氛围中进餐，可以促进消化液的分泌，增进食欲。良好的进餐环境可使婴幼儿专心进食，养成良好的进餐习惯，创造自我服务的机会。一个同伴融洽、师生积极互动的空间，可促进婴幼儿身心和谐健康发展。

二、创设良好进餐环境的方法

1. 图片暗示法

在室内布置与进餐相关的礼仪图片，如在就餐区布置排队取 / 放餐具、正确进餐坐姿、正确握勺子或使用筷子的图片等，通过可视而直观的图片暗示婴幼儿模仿进餐礼仪。

2. 音乐放松法

就餐时根据需要播放能使婴幼儿放松、促进其食欲的背景音乐，以轻缓的钢琴曲、轻音乐为主。孩子放松后进餐可促进消化吸收。

3. 儿歌提醒法

可在进餐前与孩子们一同唱念儿歌，组织进行“进餐礼仪”的谈话，巩固进餐注意事项，使孩子们自我督促。例如，进餐时，嘴巴咀嚼食物时不发出声音，不说话，细嚼慢咽有礼貌等。

4. 光盘打卡法

保育员提前准备卡牌，在孩子们就餐完后，提醒孩子插卡并给予鼓励，此举可起到榜样作用，积极促进婴幼儿进餐并保持良好用餐习惯。

三、婴幼儿进餐礼仪

1. 坐姿

端坐椅子上，以胸口离桌缘一拳为宜，以舒适为主。进餐时，以身体不晃动或摇摆为宜。

2. 餐具使用姿势

一手扶碗，一手拿勺或筷子将食物送入口中。

3. 用餐卫生

吃自己的饭菜，不去舀或夹别人的饭菜。当要咳嗽或打喷嚏时，应侧身转头避开餐食，使用衣袖或纸巾遮挡住自己的口鼻。如用手遮口鼻，需洗手后再进餐。

4. 细嚼慢咽

进食时，在口中多咀嚼，嚼碎食物可促进营养吸收。进餐时间以每餐 20~30 min 为宜。

5. 进餐时不说话

进餐时不讲话，保持安静，以免食物进入气管引起呛咳，甚至危及生命。

6. 不偏食、不挑食

每种食物都有其独特的营养价值，对人体特别是处于生长发育旺盛时期的婴幼儿，平衡饮食尤为重要。应利用各种方法引导孩子不偏食、不挑食。

技能操作

指导幼儿独立自主进餐

一、操作程序

1. 培养幼儿进餐独立性

2~4 岁是婴幼儿独立意识的萌芽时期，这个时期，成人不能过多剥夺孩子的权利，习惯性包办替代，而是要保护好孩子的独立性，给孩子提供更多的动手机会，在体验中培养孩子的独立性。

2. 陪伴指导幼儿进餐

进餐时陪伴在孩子左右，引导其端正坐姿、细嚼慢咽，进餐时不说话、保持安静等，逐步巩固已建立的良好饮食习惯。

3. 提醒幼儿注意进餐卫生

提醒孩子专心吃饭，不将饭菜放入他人碗中或将勺伸入旁边小朋友的饭碗中。如遇生理性反应如咳嗽、打喷嚏等应转身避开餐食，遮挡口鼻。

4. 组织幼儿自助服务

以小组为单位，组织幼儿有序排队到取餐具处自行拿餐具，再依次有序到取餐处取餐，如图 2–2 所示。取餐过程中，指导孩子学会用公勺或夹子取食物，并指导其要按顺序拿取食物，不可拿太多，吃完再拿，避免浪费。注意提醒孩子学会排队，文明进餐，不拥挤、不争抢。观察进餐情况，对拿取食物量少的孩子，可通过语言提示他吃完盘中食物后再去拿取些。如果存在过敏原食物，当过敏儿拿取时要提示其换取其他替代食物。

5. 组织幼儿餐后清洁

进餐完毕，指导幼儿将餐具送还到指定位置，将食物残余倒入专用容器中，再用餐桌布擦拭清洁自己位置上的食物残渣，然后漱口和擦脸。

二、注意事项

1. 关注挑食和不愿进餐的幼儿

对于偏食、挑食的孩子，应先了解孩子之前在家时的进餐习惯。安排进餐座位时，保育员可以让他和不挑食的孩子坐在一起，让挑食的孩子有个好的榜样。

遇到他不爱吃的菜，先介绍这个菜的营养特点，让他看旁边的小朋友吃得多香，然后让他先尝一点试试，吃了就及时表扬，鼓励他再吃一点，慢慢地逐步增加，有了进步更要及时表扬。平时，可通过各种形式有针对性地介绍各种食品的知识，告诉他每种食品都有营养，吃下去对身体有好处，引导他吃不同食品，从而逐步养成不挑食的习惯。

a）

b）

图 2–2 幼儿自拿餐具、自取食物

a）自拿餐具 b）自取食物

针对挑食或不愿进餐的孩子，也应获得家长的支持，家园共育。

2. 提醒幼儿进餐不说话

保育员在进餐过程中需加强巡视，以榜样示范。对于进餐过程中说话、嬉笑的幼儿给予提醒，营造一个轻松、愉悦的进餐环境。

培训项目 2 饮水管理与指导

培训单元 饮水中的问题与应对

培训重点

➔ 能妥善解决饮水中的常见问题。

知识要求

一、饮水的常见问题及解决方法

1. 水温的控制

饮用水的温度一般与室温一致为宜，可根据季节不同进行调整，冬季控制在 40 ℃左右，夏季水温更低一些为宜。

控制好水温关键是注意安全。为了解水温的适宜性，在婴幼儿饮水前，保育员需要用手腕内侧试温，也可准备专用测温杯接取并用中心温度计测量水温，以确保水温的安全。

2. 饮水量

在婴幼儿接水时，保育员应提醒他们接半杯水，饮用完可适当添加，以防止因水接得过多而洒到地面，出现安全隐患，同时也可防止浪费水。

婴幼儿一天的饮水量应不少于 600 mL，可定时组织喝水，也可按需饮水。同时可以根据气温、活动量等情况适当增减饮水量，提醒婴幼儿慢慢喝水，不暴饮。

在剧烈运动后，如需要喝水，应引导婴幼儿不要立即大量饮水，可少量饮用，因为运动后马上大量喝水会造成体内水和电解质失衡，或造成肾脏、肠胃的负担。

3. 饮水前的手卫生

在饮水前，应组织婴幼儿分组洗手，用洗手液搓洗、流动水冲洗，避免细菌、脏物入口，培养良好的卫生习惯。

4. 饮水中的秩序

在组织饮水中，对中、大班，应组织幼儿分批排队接水，并在接水后移动到不影响其他幼儿排队、接水的区域喝水，有条件的班级可以设置喝水区域。对托、小班，在指导婴幼儿分组排队接水后，让他们到自己的小椅子上坐着喝水。

二、关注婴幼儿饮水时的心里感受

1. 打翻水时

在孩子不小心打翻水的时候，不能呵斥或指责，而应进行安抚；对于大年龄幼儿也可以尝试让他自己清理水渍，这样既可以培养孩子的责任感，也不会造成因害怕被老师批评而手足无措。

2. 不爱喝水时

婴幼儿不喜欢喝水有许多的原因，保育员首先应了解孩子在家的饮水情况，如在家中没有良好的饮水习惯，可与家长沟通，家园共育。如有的孩子不习惯用幼儿园的水杯，习惯用自己喜爱的水壶喝水，可以请家长把孩子习惯用的喝水壶带来使用，以帮助孩子逐步过渡到使用水杯。

如果孩子觉得水不好喝，没有味道，可以正向鼓励孩子，并循序渐进地引导。当孩子尝试喝第一口的时候可以鼓励孩子并大声表扬。通过多次表扬，正面强化喝水是非常棒的事情，逐步引导孩子形成喝白开水的习惯。

技能操作

幼儿饮水过程中打翻水杯的处理

一、操作准备

准备备用水杯、活动室干拖把、餐巾纸。

二、操作程序

1. 安抚幼儿

及时安抚孩子的情绪，告诉他不小心打翻水杯没关系，并提醒孩子拿水杯时需要小心拿住杯柄。

2. 更换水杯

在准备水杯的时候，应至少准备 1 个备用的水杯，能在孩子打翻水杯时给予更换，不至于让孩子尴尬。

3. 地面清洁

提醒附近的孩子远离打翻水杯的地方，并及时用活动室干拖把将地面的水拖干净。如果是中大班的幼儿，可让孩子自己尝试清理，保育员在一旁协助。

三、注意事项

1. 在孩子打翻水杯时，一定要先安抚孩子的情绪，不能训斥。安抚后，及时清洁地面，保持地面干燥，以防发生滑倒摔伤事故。

2. 对于大年龄的孩子，可适当陪伴他一同清理打翻的水，并引导他了解自己可以做一些力所能及的事情。

培训项目 3 盥洗、如厕管理与指导

培训单元 1 指导婴幼儿盥洗、如厕

培训重点

- 掌握婴幼儿盥洗、如厕中的常见问题。
- 能处理婴幼儿盥洗、如厕中的常见问题。

知识要求

一、指导婴幼儿洗手

1. 洗手的动作要领

（1）洗手前将长袖变短袖。

（2）洗手时小手放低，不玩水，不弄湿衣服。

2. 保育指导

（1）水龙头位置应略低，以免水倒流弄湿孩子衣袖。

（2）婴幼儿洗手过程中，保育员应做到全面照顾、及时监督、仔细检查。

二、指导婴幼儿刷牙、漱口

1. 刷牙、漱口的动作要领

（1）将适量的牙膏（以黄豆粒大小为宜）挤到牙刷上，刷牙杯里接满温水

（水温在 35 ℃左右）。

（2）漱口湿润口腔后，将挤有牙膏的牙刷在刷牙杯里浸湿。刷牙的顺序是先由上而下刷牙齿的外面，然后由左向右刷牙齿的咬合面，最后刷牙齿的里面。每个部位要重复刷 8~10 次，按顺序从里向外刷干净。

（3）刷牙后彻底漱口，并将牙刷洗干净，最后将牙刷柄向下放入刷牙杯中。

2. 保育指导

（1）提醒孩子牙膏不要挤得太多。

（2）刷牙的时间应控制在 3 min 左右。

（3）对于刷牙动作不正确的孩子，保育员应及时给予纠正。

（4）使用幼儿专用的牙刷和牙膏，也可使用儿童专用电动牙刷，注意电动牙刷的日常卫生保洁。

三、指导婴幼儿洗脸

1. 洗脸的动作要领

（1）清洗脸盆，倒入适量的温水（水温一般在 35~40 ℃），将干净的个人专用毛巾放到盆中浸湿。

（2）拧干毛巾并展开，用毛巾的四个角分别擦拭里、外眼角，鼻孔下方，耳朵（包括耳郭和耳孔）等部位。

（3）清洗毛巾后依次擦拭前额、脸颊、口周、下巴、脖子等部位。

（4）清洗完毕，涂擦婴儿润肤油以保持皮肤湿润。

2. 保育指导

（1）婴幼儿洗脸通常以早、晚各一次为宜。

（2）指导婴幼儿洗脸的动作要轻柔、流畅。

（3）对于婴幼儿洗脸时容易遗忘或不容易清洗的部位（如眼角、脖子、鼻孔下方和耳朵），保育员要给予提醒或帮助，如图 2–3 所示。例如，清洗眼角时，用手抓住毛巾的一角由内眼角向外眼角擦拭；清洗脖子时，可以先将毛巾展开平铺在右手手掌上擦拭脖子的右侧，然后再将毛巾平铺在左手手掌上擦拭脖子的左侧；清洗耳朵时，可以用手拿住毛巾的一角，先擦拭整个外耳郭，然后用食指顶住毛巾伸到耳孔中转一圈将耳孔擦拭干净后，再清洗毛巾。

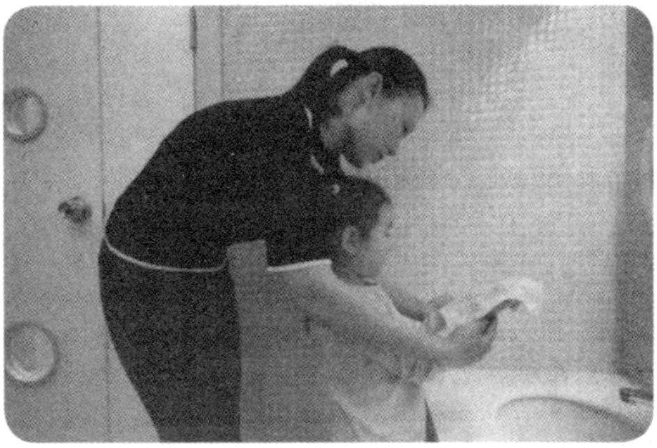

a）

b）

c）

d）

图 2–3　指导婴幼儿洗脸

a）指导小朋友拿好毛巾　b）擦左侧脸颊　c）擦右侧脸颊　d）擦鼻部以下

四、指导婴幼儿洗脚

1. 洗脚的动作要领

（1）将适宜的温水（夏季水温在 38~40 ℃，冬季水温在 45~50 ℃）倒入个人专用洗脚盆中。水量一般以整个脚面都浸泡在水中，水面到达脚踝部位为宜。

（2）婴幼儿坐在高度适宜的板凳上，将裤腿挽起至膝盖处，脱掉袜子，双脚放置盆中浸泡 3~5 min。

（3）用手揉搓脚面、脚心、脚趾、脚踝等部位。

（4）清洗干净，用个人专用擦脚巾将双脚的水渍擦干。

2. 保育指导

（1）保育员要提醒孩子将脚趾缝擦干，注意保暖。

（2）调兑温水时应先加冷水再加热水，以防烫伤孩子。

（3）婴幼儿喜欢玩水，保育员可适当满足其心理需求，但需要在成人视线之内，避免发生危险。

五、为婴幼儿洗头

1. 洗头的动作要领

（1）将婴儿洗发水、毛巾、梳子等物品准备就绪，将适宜的温水倒入脸盆里。

（2）对于较小的孩子，保育员要先将孩子抱起，使孩子仰面向上；对于较大的孩子，可以让其自己站立，弯腰低头。保育员用毛巾将孩子的头发浸湿后，涂抹婴儿洗发水，双手轻轻揉搓头发，直至出泡沫。

（3）用清水将头发冲洗干净后，用干爽的毛巾将孩子的头发擦干。

2. 保育指导

（1）事先使用手腕内侧皮肤试温，洗头过程中手不离水，避免烫伤。

（2）孩子采取站立姿势时，保育员应指导孩子用毛巾蒙住双眼以防止水或洗发水进入眼睛。

（3）操作期间注意孩子的情绪，如有哭闹、不适等情况，及时停止。

（4）注意地面防滑，避免摔倒。

六、婴幼儿洗澡

1. 给婴幼儿洗盆浴的动作要领

3岁以前的婴儿可以洗盆浴。

（1）在洗浴之前，保育员要做好准备工作。将洗澡盆清洗干净，准备好婴儿的毛巾、大浴巾、洗浴用品、换洗的干净衣服、温度适宜的洗澡水等。

（2）准备工作就绪，保育员需要再次试水温，合适后可以让婴儿躺在浴盆的防护网垫上（随着年龄的增长可尝试让婴儿坐在浴盆中），用柔软洁净的毛巾清洗婴儿的脸、前胸、后背、双腿及双脚。然后，将婴儿沐浴露滴在浴花上，搓出泡沫后给婴儿全身擦拭，重点清洗脖子、腋窝、大腿根、外阴、脚踝等皮肤褶皱多的部位。

（3）用清水将泡沫冲洗干净，用大浴巾将婴儿的全身擦干，穿上干净的衣服。

2. 指导幼儿洗淋浴的要领

3岁以后的幼儿可以在保育员的指导下洗淋浴（见图2–4）。

（1）保育员帮助幼儿将淋浴的水温调节适中，指导幼儿先将身体淋湿，用双手搓拭全身，重点搓脖子、腋窝、大腿根、脚踝等容易存留污垢的部位。

（2）指导幼儿用清水冲洗身上的污垢后，全身涂上婴儿沐浴露。

（3）指导幼儿用清水将全身冲洗干净，用浴巾擦干身体。

3. 保育指导

（1）婴幼儿洗澡的水温应控制在38~40 ℃，室温应在24~28 ℃。

（2）婴幼儿洗澡的时间不要过长，以 5~10 min 为宜。保育员的手始终保持在流动水下，确保水温无异常，避免烫伤的发生。

（3）夏季洗完澡后可以在婴幼儿的颈部、腋窝、大腿根等褶皱较多的部位涂抹婴儿爽身粉以去痱止痒；冬季洗完澡后可以给婴幼儿的身体涂抹润肤油，以防止皮肤干裂。

（4）婴幼儿洗澡的间隔，秋冬季节以一周一次为宜，炎热的夏季可以根据实际情况每天清洗 1~2 次，保证婴幼儿皮肤的清爽。

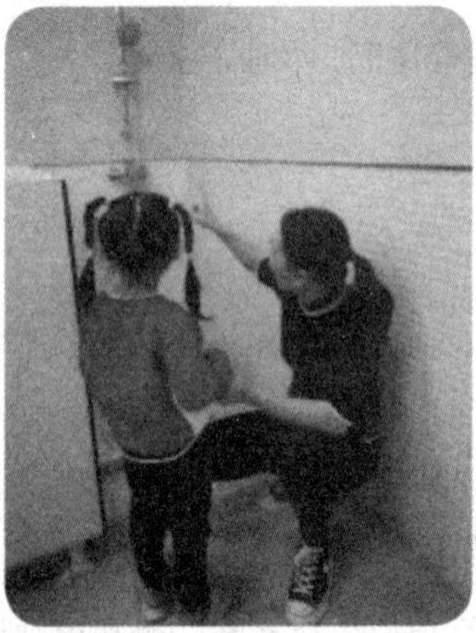

a）

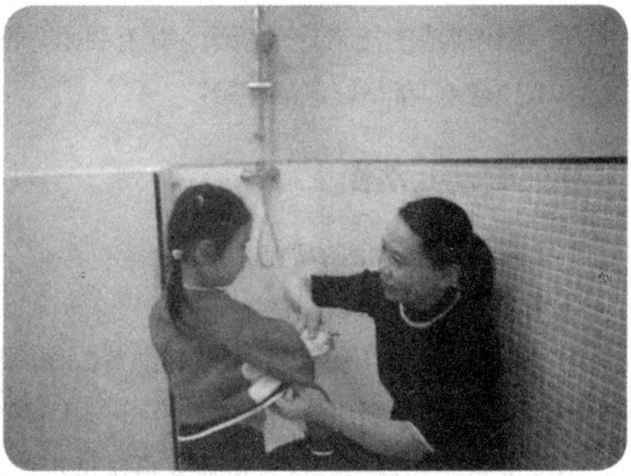

b）

图 2–4　指导幼儿洗淋浴

a）指导小朋友如何操作　b）帮小朋友脱衣服

七、指导婴幼儿如厕

1. 指导婴幼儿如厕的要领

可以让会走路的婴幼儿采取蹲厕方式，保育员应指导其掌握正确的姿势：双脚劈开，双脚间的距离略宽于便池；双手抓住裤腰用力往下脱至膝盖处，下蹲；排泄完毕后，双手抓住裤腰，将裤子提好。男孩小便时，将裤子脱至大腿根处即可，提醒他们要掌握好距离，不要尿到便池外面。

2. 注意事项

（1）孩子大小便异常时，需要第一时间与家长沟通，排除异常。

（2）发现孩子有排尿、排便的迹象后，应及时指导他排泄，并对成功的排尿、排便给予表扬和鼓励，以增强其对排尿、排便的自信心。

（3）对偶尔不小心排尿、排便在身上的孩子应给予理解，切不可指责，消除其因排泄失误而造成的紧张感，稳定孩子的情绪，增强独立排泄的信心。

培训单元 2　指导婴幼儿整理衣物

培训重点

- 能指导婴幼儿正确整理衣物。
- 能培养婴幼儿整理衣物的良好习惯。

知识要求

一、指导婴幼儿穿脱衣物

1. 穿衣物的顺序

先穿上衣，再穿裤子、袜子、鞋子。从上到下检查，整理领口、袖口、裤口、纽扣、鞋带等。

2. 脱衣物的顺序

先脱鞋子、袜子、裤子，再脱上衣。

二、指导婴幼儿整理衣物的注意事项

1. 鼓励并指导婴幼儿自己穿脱衣物。对于年龄较小、能力较弱的孩子，保育员应在其穿脱困难时给予帮助。

2. 保育员应做好婴幼儿穿脱衣物的检查工作，并教会年龄较大的孩子自我检查。

3. 保育员应指导和检查婴幼儿整理衣物。

技能操作

指导婴幼儿整理衣物

一、操作程序

1. 衣物整理的顺序

从上往下开始检查、整理衣物。

2. 协助托班、小班孩子整理衣物

（1）协助整理上衣、领子，检查纽扣、袖口。

（2）协助托班孩子包肚子，可以鼓励小班孩子自己尝试包肚子。

（3）检查裤子的正反面。

（4）检查鞋子左右脚是否穿对，帮助系鞋带。

3. 指导中、大班孩子整理衣物

（1）引导孩子自己检查上衣（整理领子，检查纽扣、袖口）。

（2）引导孩子自己包肚子。

（3）引导孩子自己检查裤子的正反面。

（4）引导孩子自己检查鞋子。

（5）引导孩子自己系鞋带。

二、注意事项

对于个别能力较弱的孩子需要着重帮助，重点是：

1. 整理上衣。
2. 协助包肚子。
3. 检查裤子的正反面。
4. 检查鞋子左右脚是否穿对，帮助系鞋带。

培训项目 4 睡眠照料

培训单元 1 指导婴幼儿独立就寝

培训重点

- 能指导婴幼儿独立就寝。
- 能培养婴幼儿良好的睡眠习惯。

知识要求

一、培养婴幼儿独立就寝的习惯

一般来说，初入托幼机构的婴幼儿，开始往往难以独立入睡。造成婴幼儿难以独立入睡的原因有很多：一方面，婴幼儿刚刚来到陌生环境，可能因内心焦虑或过于兴奋，短时间内难以独立入睡；另一方面，很多孩子在家里养成了大人陪着或哄着入睡的习惯，一时难以适应独立入睡。对此，保育员应有耐心，遵循循序渐进的原则，慢慢培养婴幼儿独立入睡的习惯。保育员可以坐下来，轻拍孩子，使其情绪放松，逐渐对新环境产生安全感，陪伴他入睡。当孩子慢慢适应新环境后，可逐渐减少陪伴次数，直至孩子能够独立入睡。

二、培养婴幼儿按时睡眠、按时起床的习惯

在相对固定的时间内入睡、起床，可以使婴幼儿的生物钟更加规律，养成良好的作息习惯，有助于婴幼儿身心健康发展。培养婴幼儿按时睡眠、按时起床的习惯，需要家长的密切配合，力求做到家园步调一致。尤其是在节假日，如果条件具备，提醒家长最好也要按照托幼机构的作息制度安排婴幼儿的活动，这样有助于培养婴幼儿养成按时睡眠、按时起床的习惯。

三、婴幼儿正确的睡姿

正确的睡姿如图 2–5 所示。养成正确的睡姿对于提高婴幼儿的睡眠质量很重要。指导婴幼儿不趴卧、不跪卧、不蒙头睡觉，鼓励婴幼儿侧卧或仰卧。同时，对于睡姿不正确的婴幼儿，应注意与家长沟通和配合，帮助婴幼儿形成正确的睡姿。

图 2–5　正确的睡姿

四、保证充足的睡眠时间

婴幼儿日睡眠时间见表 2–2。

五、养成早睡早起的习惯

入睡后，大脑会分泌出大量生长激素，对婴幼儿身体发育起到促进作用。养成早睡早起的习惯，对婴幼儿身体发育和智力发展具有重要影响。早睡早起习惯的养成主要依赖于家长在家庭中的引导。

表 2–2 婴幼儿日睡眠时间 h

年龄	日间	夜间	合计
新生儿	睡 – 醒	睡 – 醒	18~20
2~6 个月	4~5	9~10	13~15
7~12 个月	3~4	9~10	12~14
1~3 岁	2.5~3	9~10	12~13
3~6 岁	2~2.5	9~10	11~12

技能操作

指导婴幼儿独立就寝

一、操作准备

1. 提前拉上窗帘，保持室内光线柔和。

2. 根据室温情况决定是否开启空调，注意观察室温、调整风向等。

3. 可播放轻柔温和的音乐，营造有助于婴幼儿入睡的氛围。

二、操作程序

1. 就寝前提醒婴幼儿先如厕

睡觉前不要让婴幼儿喝大量的水，上床之前提醒婴幼儿小便，否则可能会因膀胱充盈有尿意而影响婴幼儿的睡眠质量。

2. 指导婴幼儿按时脱衣上床

指导婴幼儿将外衣、袜子脱下并整齐地放在指定位置。培养婴幼儿养成脱衣睡觉的习惯，尤其是秋冬季节，婴幼儿睡觉时会因缺钙或被褥太厚而出汗，如果穿衣服睡觉，起床后容易感冒。

三、注意事项

对入睡晚的婴幼儿，保育员的态度要亲切柔和、温和坚定，不能大声训斥，更不能体罚。保育员可以采用陪伴、轻抚等温和的方式帮助婴幼儿建立安全感，平复情绪，逐渐入睡。

培训单元2　婴幼儿睡眠中遗尿问题的处理

培训重点

- 掌握婴幼儿遗尿的原因和预防措施。
- 能根据遗尿婴幼儿的排尿规律及时提醒其排尿。
- 能正确对待婴幼儿的遗尿。

知识要求

一、遗尿的原因

1. 精神因素

婴幼儿白天的活动量过大，造成身体疲劳或神经兴奋，容易产生遗尿；当婴幼儿受到惊吓、恐惧、焦虑等强大的精神刺激时，容易导致遗尿；婴幼儿偶尔一次尿床后就受到成人的呵斥甚至体罚时，也容易导致遗尿。

2. 排尿习惯训练不当

有些家长为了图省事，不注意对孩子的大小便进行训练，长期使用尿布，夜间也不提醒孩子排尿，久而久之，使孩子无法养成自己控制排尿的习惯。而有的家长虽然能唤醒孩子，但孩子在便盆上排尿时注意力不集中、边玩边排，这样也不能让孩子建立便盆与排尿之间的条件反射。

3. 睡眠过沉

遗尿的婴幼儿睡眠时睡得很沉，不容易被唤醒，即便被唤醒了，大脑也处于无意识状态，在这种情况下大脑不能接收来自膀胱的尿意，从而导致遗尿。

4. 生理因素

有些婴幼儿的膀胱发育迟缓，膀胱容量小，排尿次数相对增多，这种生理因素很容易导致遗尿。

5. 疾病因素

有些疾病，如泌尿系统畸形、尿路感染、脊柱裂、骶部神经障碍、癫痫、大脑发育不全等，会引起婴幼儿遗尿，这种由器质性疾病引起的婴幼儿遗尿并不多见。

6. 遗传因素

如果父母双方小时候有遗尿症状，其子女遗尿的发病率相对较高。研究表明，虽然这种因素的影响还不是十分明确，但与父母有一定关系是确定的。

二、遗尿的预防措施

1. 加强婴幼儿的大小便训练

加强婴幼儿的大小便训练是预防遗尿的基本措施。出满月后可训练把尿，1 岁半以后训练蹲便盆，使孩子建立起便盆与排尿之间的条件反射，逐渐养成自主控制排尿的习惯。训练时注意循序渐进、多鼓励强化，每次成功排尿都应立即给予鼓励和表扬。

2. 合理安排婴幼儿的活动量

白天的活动量不宜过大，不要玩过于刺激的游戏，养成早睡早起的作息规律，这样可以使婴幼儿的神经系统保持相对安静，有利于睡眠和适时排尿。

3. 做好睡前准备

午饭和晚饭要清淡，不要让婴幼儿喝大量的汤或水。睡前组织婴幼儿进行一些相对安静的活动（如讲故事、下棋、桌面游戏等），上床前提醒婴幼儿如厕。

三、掌握婴幼儿的排尿规律

1. 观察法掌握基础信息

保育员要做有心人，在接新班、对班内婴幼儿情况不是很了解的情况下，可以运用观察记录的方法来掌握婴幼儿的具体信息。观察记录的内容如下：

（1）记录尿床婴幼儿的名单

孩子起床后，保育员在整理床铺时，注意检查是否有尿床并记录下来。有的孩子偶尔尿一次，有的孩子经常尿床，对于这两种情况，保育员要区别对待。这项工作需要保育员长期进行才能摸清规律。

（2）记录、分析尿床的时间

保育员可采用推测的方法确定尿床的具体时间。例如，通常情况下，婴幼儿喝水后大约半个小时排尿。按照这一规律，保育员可以在孩子上床 40 min 后，将手伸进被褥试探是否尿床并做好记录，记录一段时间后，自然就能摸清规律，进而明确唤醒孩子排尿的具体时间。

（3）记录当日膳食情况

保育员应对每天午餐和晚餐的膳食情况做好记录，尤其注意孩子的两餐饮水量和喝汤量。如果孩子的饮水量或喝汤量多，保育员就要注意缩短唤醒时间，增加唤醒次数。

2. 家园共育了解情况

保育员应经常与家长联系沟通，及时了解每个孩子的实际情况，在孩子睡眠时就可以有针对性地进行照顾。这样不仅能使需要特别关注的孩子得到及时的关照，而且在一定程度上减少了保育员的工作量。

3. 查明分析遗尿原因

前面已经讲过，导致婴幼儿遗尿的因素有很多，保育员一定要查明原因，有针对性地进行指导，对症下药才能取得良好的效果。

技能操作

婴幼儿遗尿后的处理

一、操作程序

1. 唤醒孩子

如发现孩子遗尿后仍处于睡眠中，保育员应轻声或以轻柔的动作逐步唤醒孩子，切忌引起孩子的惊恐。

2. 换上干净的衣裤

保育员发现孩子遗尿后，需尽快拿取干净的衣裤并帮助孩子更换。注意动作要迅速，以免孩子着凉。

3. 抱到干净的床上

更换衣裤后，保育员需将孩子抱到干净的床上。如没有空余的床位，需更换干净的被褥。

4. 安抚再次入睡

孩子遗尿后精神较为紧张，保育员可陪伴孩子，用温和的方式帮助孩子平复情绪，重新入睡。

5. 及时处理（拆洗）被污染的衣裤、被褥

对于被污染的衣裤和被褥，保育员需及时处理，但需要注意：必须在保证孩子有人看护的情况下，方可进行清洗等工作。

二、注意事项

1. 及时提醒和唤醒婴幼儿排尿

组织婴幼儿上床前，保育员要提醒他们排尿，防止尿床。对有遗尿现象的孩子，在睡眠期间保育员要有规律地唤醒其排尿。通常午睡时，可在睡下 30 min 左右唤醒婴幼儿排尿；晚间睡眠时，保育员可以每隔 2~3 h 唤醒婴幼儿排尿。在婴幼儿睡眠过程中，保育员应巡回观察，如果发现孩子有异常表现，如翻来覆去睡不踏实，就应及时唤醒其排尿。

2. 注意对待遗尿婴幼儿的态度

对待尿床的孩子，保育员的态度要亲切和蔼、表情平静、语气柔和，不要大声斥责，更不能体罚，否则孩子会因精神受到过度刺激而加重遗尿症状。

职业模块 三 健康管理与教育

培训项目 1 健康观察

培训单元 1 健康状况异常婴幼儿的重点观察

培训重点

- 了解健康婴幼儿的表现。
- 了解健康状况异常婴幼儿的表现。
- 能对健康状况异常婴幼儿进行日常护理。

知识要求

一、婴幼儿健康概述

《幼儿园教育指导纲要（试行）》明确指出：幼儿园必须把保护幼儿的生命和促进幼儿的健康放在工作的首位。因此，托幼机构必须高度重视保护婴幼儿的生命和保证婴幼儿健康的工作，了解婴幼儿身心健康的指标，确保婴幼儿的生命安全和身心健康发展。做到及早发现问题，及时采取预防和调整措施。

1. 婴幼儿的生理健康

婴幼儿的生理健康是指婴幼儿各个器官、组织的生长发育正常，没有生理缺陷，能有效抵抗各种急、慢性疾病，体质不断增强。婴幼儿身体各个器官和组织的正常生长发育和生理系统的正常运作是保证健康的前提。明显的生理缺陷必将产生生理功能障碍，诸如器官组织的缺损或功能异常，视力不良、龋齿、贫血、呼吸道感染等常见疾病，肥胖、消瘦等体格生长偏离等，都属于不健康状态。

2. 婴幼儿的心理健康

婴幼儿心理健康包括：情绪稳定，情绪反应适度；乐于与人交往，人际关系融洽；行为统一、协调；性格特征良好。婴幼儿期的心理是性格形成的关键，性格特征的优劣，直接影响孩子今后能否健康成长和对待未来的态度。

在日常生活中，一个心理健康的儿童应该表现出：有充沛的精力；心情开朗、乐观；态度积极主动；能与小朋友和睦相处，在集体中受到欢迎和信任；能较好地适应环境的变化；没有不良行为和不良习惯；注意力能集中；睡眠好。

二、健康状况异常婴幼儿的表现

婴幼儿健康状况异常，需要靠保育员仔细观察，与正常婴幼儿的特征及平时的表现相对比来发现。

1. 精神

精神好坏是判断婴幼儿健康状况的重要标志之一。如果与往日相比，发现孩子的精神不好，容易哭闹，爱发脾气，心绪不宁，表情痛苦，不能平静地玩耍和游戏，并长时间处于这种状态，难以通过他感兴趣的玩具、游戏等方法转移注意力，改变他的精神和情绪，则表明孩子可能生病了。

2. 表情和面色

正常的婴幼儿面色红润，眼睛明亮有神，看上去非常精神。生病的孩子则可能会出现面色比平时苍白或明显发红，双眼无神，好似凝视远方，同时伴有尖声啼哭等现象。

3. 食欲

如果与平时相比，孩子食欲欠佳，饭量明显减少，甚至精神不好、拒绝进食，同时伴有恶心、呕吐、便秘、腹泻等症状，则表明孩子可能生病了。

4. 睡眠

如果婴幼儿出现精神不好、入睡困难，睡眠过程中烦躁不安、阵发性哭闹、惊厥、严重打鼾甚至呼吸暂停等，则表明孩子生病了。

5. 大小便

正常的婴幼儿有自己的排便规律，如有以下情况，则表明孩子可能生病了。例如，大便次数较平时明显增多，质地比平时稀，甚至发现血便；或者排大便的时候非常费力、排不出来大便甚至出现排便时哭闹的现象。小便频次过多或过少，同时可能伴随有尿频、尿急、尿痛、血尿、尿液浑浊、尿中泡沫较多、排尿时哭闹等症状。

6. 身体出现症状

如果出现鼻塞、用口呼吸、打喷嚏、流鼻涕，表明孩子可能感冒了；如果出现呕吐、腹痛、腹泻，表明孩子可能得了胃肠道疾病；如果出现发热、咳嗽、咯痰、喘息，表明孩子可能得了呼吸道疾病；如果出现皮疹，不管是否有发热，都应引起重视。如果出现双目凝视甚至肢体抖动，需要立即拨打 120 急救电话或者紧急送往医院。

婴幼儿活泼好动，有时身体出现不舒服，也玩兴浓厚，很难从外在表现上看出来。保育员应该抓住晨、午、晚检和全日观察的各环节认真仔细观察，及时捕捉婴幼儿可能生病的迹象，尽早发现问题并及时处理。

三、健康状况异常婴幼儿的日常护理

1. 对生病婴幼儿的日常护理

对身体不适、患病或病后初愈的婴幼儿，保育员都应该进行适当照顾和恰当护理，这是保育员的基本职责。常规的护理方法有：

（1）减少活动量，尽量避免剧烈活动，让孩子多休息。可以让患儿卧床休息、睡觉，也可以让孩子进行讲故事、搭积木、画画等一些活动量小、轻松的活动，以减少机体消耗，促进身体恢复，增强机体的抵抗力。

（2）饮食清淡，避免辛辣、油腻、寒凉、刺激性强及难消化的饮食。让患儿多吃清淡易消化的食物，并适当补充水分。

（3）及时增减衣物。身体不适的婴幼儿抗热抗寒能力比较差，所以保育员要根据温度的变化及时提醒并帮助患儿增减衣物，避免患儿受凉。同时也不能过度包裹，否则，患儿身上衣物过厚，会让孩子稍微一活动就出汗，反而更容易生病。

（4）注意婴幼儿个人清洁卫生，勤剪指甲，协助婴幼儿在流动水下勤用肥皂洗手。患儿的呕吐物、排泄物应及时清理并消毒。

（5）对于咳嗽、咯痰的患儿，注意保持呼吸道湿润，可以协助患儿叩背，嘱咐吐痰时轻捂嘴，将痰液咳到纸上丢弃。患儿出现呕吐、腹泻等消化道症状时，在病情允许的情况下可以少量多餐，并注意补充水分，同时注意观察是否有尿量明显减少和精神不佳，避免患儿脱水甚至休克。患儿的呕吐物和排泄物应及时清理和消毒，以免自身重复感染。如果患儿身上有皮疹，可以遵照医嘱给予外用药涂抹，但应避免患儿抓挠引起局部皮肤感染。

（6）患手足口病、流行性感冒、轮状病毒性肠炎等传染病的婴幼儿应及时隔离送医。

2. 发热婴幼儿的观察与护理

发热只是疾病的一个症状，并不是对疾病的诊断。发热是机体在致热原作用下或各种原因引起体温调节中枢的功能障碍时，导致体温升高超过正常范围。儿童的正常体温存在年龄和个体差异，特别是新生儿及婴幼儿，因其体温调节中枢发育尚不完善，极易受环境因素影响。正常婴幼儿的体温一般波动在36~37 ℃，夜间及清晨稍低，中午和下午稍高。如果患儿体温升高，低于38 ℃为低热，38.1~38.9 ℃为中度发热，39~41 ℃为高热，超过41 ℃为超高热，连续发热超过两周为长期发热。

对待婴幼儿发热，不能谈之色变，也不能置之不理。发热是机体抵抗疾病的防御机能之一，发热时机体白细胞的吞噬能力增强，抗感染能力增强。但是，发热也会增加机体消耗，同时可能导致婴幼儿出现精神差、食欲下降、头痛、呼吸和心率增快、休克、抽搐等情况。所以，保育员一定要注意发热患儿的观察和护理。

（1）发热患儿的观察

1）体温测量。为了测得准确的体温，注意测量体温前30 min应避免进食、喝热水、剧烈活动、热敷、洗澡等活动。用干毛巾擦干一侧腋下，然后将体温计甩至35 ℃以下，为婴幼儿夹紧体温计，5~10 min后取出，读数时应避免握持水银末端影响读数。使用后的体温计应放在消毒液中浸泡消毒，以备下次使用。

使用水银体温计时，保育员应注意避免打碎体温计导致汞污染。万一打碎水银体温计，应及时开窗通风，并戴上手套把地上的水银球收集到密封的小瓶子内，标注名称后及时处理。若患儿不配合使用水银体温计，也可以选择使用电子体温计或者红外线体温计。

一般情况下，每4~6 h为患儿测量一次体温，高烧患儿每1~2 h测一次体温。如果发现患儿身上发烫或者手足发凉、打寒战，需要立即测体温。

2）一般情况的观察。观察患儿食欲、精神状态和睡眠情况。注意面色是否苍白、潮红或发紫，呼吸是否急促，是否伴有喘息，是否伴随皮疹、呕吐、腹痛、腹泻等症状。对腹泻患儿可用干净的袋子或杯子留取少量大便标本做化验。

3）用退热药的观察。一般于用药 30 min 后复测体温，记录体温变化情况，以观察患儿的用药效果。如出现反复发热，应及时处理并记录处理措施。

4）严重情况的观察。如果发现患儿出现大汗淋漓、面色苍白、软弱无力等虚脱现象，或者出现精神萎靡、呼吸费力、皮肤出血点或瘀斑、严重呕吐或腹泻、尿量少或无尿、便血甚至惊厥、意识障碍等情况，要及时与保健医生联系，并迅速送医院处理。

（2）发热患儿的护理

发热是儿科最常见的一种临床症状，如果患儿持续高热，就会增加机体对氧的消耗。由于脑细胞缺氧，加上毒素对脑的刺激，患儿可出现谵妄、昏迷和惊厥等。因此，当患儿出现高热时，除了由医生诊治针对病因治疗外，还应及时进行对症处理，并积极做好高热患儿的护理工作。婴幼儿发热的护理要点包括以下六个方面。

1）环境。保持婴幼儿所处环境的清洁和安静，避免阴暗潮湿，温度一般在 18~20 ℃，每天至少通风一次，以降低病菌在空气中的浓度。另外，尽量减少亲友探视，防止交叉感染，同时也有利于患儿的休息和身体恢复。

2）休息。发热的患儿机体消耗较大，应注意让患儿多休息，避免剧烈活动，清醒时可以让患儿进行拼图、搭积木、画画等一些活动量小的活动。

3）饮食。酌情给予患儿营养丰富且易于消化的流质或半流质食物，如鸡蛋羹、西红柿蛋花汤、汤面条、粥等，并让患儿少量多次喝温水，补充因高热而丧失的水分，有利于患儿退热和体内毒素的排泄。

4）着装。护理发热患儿时，一定注意及时增减衣物。如果患儿发热时手足凉、畏寒、打寒战，此时体温处于上升期，要给患儿捂盖得厚一点，等患儿手足暖后及时解开衣被散热。如果患儿发热时手足暖，则穿衣不宜过厚，特别是婴儿不可包裹得过厚过紧，甚至捂住头面部，否则会影响身体散热，导致体温难降，甚至导致婴儿的捂被综合征，出现脱水甚至休克，危及生命。

5）口腔及皮肤护理。高热时口腔内唾液分泌减少，口腔黏膜干燥，这时口腔内食物残渣容易发酵，细菌容易繁殖，最好在每次进食后用清水漱口，不会漱口的婴幼儿可以喝少量水清洁口腔。

在退热过程中，高热患儿往往会大量出汗，因此要做好皮肤护理。出汗时要及时用干毛巾擦干汗液，必要时更换衣被，保持皮肤清洁干燥。另外，还要给患儿勤洗手、洗脚，清洗外阴及肛门，以防止出现其他部位的感染。

6）监测体温。定期检测患儿体温。用正确的方法测量患儿体温，并给予物理降温或药物降温。注意：如果发现患儿发热时有意识障碍、抽搐，血尿、少尿甚至无尿，皮肤出血点及瘀斑等严重情况，应及时拨打 120 急救电话送往医院。

（3）物理降温的方法

物理降温是除药物降温外，最简易、有效、安全的降温措施，可用于高热或有高热惊厥史患儿的护理。物理降温有以下几种方法：

1）冰袋降温。首先检查冰袋应完整，无漏水。然后将冰袋放置于额头、颈部两侧、腋窝、腹股沟及腘窝等血流丰富处。如没有冰袋可将冰块放入塑料袋中。注意：冰袋与皮肤之间需用毛巾隔开，以免患儿不舒服或局部组织冻伤。另外，胸腹部不可放冰袋，防止心率减慢或腹泻。使用冰袋时还要经常更换部位，防止冻伤。同时注意检查冰块融化情况，及时更换。每次放置冰块的时间不超过 30 min，并在使用过程中观察局部皮肤的变化，注意有无发紫、麻木及冻伤发生。使用冰袋降温后，腋温的测量不宜在 50 min 内进行。

2）温水浴。关好门窗，不可有对流风或直吹的风，室温在 24~26 ℃。水温应比体温低 1 ℃，水量以没过躯干为宜。托起患儿头肩部，身体卧于盆中，时间以 5~10 min 为宜。注意：水温不可过冷或过热，洗浴中需加水时应在远离患儿处搅动，避免热水烫伤患儿。病情重或精神、面色、呼吸情况不佳时禁用温水浴，洗浴中出现异常情况时应停止。

3）冷湿敷。将敷垫放置于冰水内浸透，敷于患儿前额部，每 3~5 min 更换一次敷垫，持续敷 15~20 min。复测体温应在冷湿敷结束 30 min、体温降至 38 ℃以下时进行。

（4）药物降温的注意事项

如果婴幼儿出现高热，保育员可以遵照医嘱为患儿使用退热药物，以达到降温目的。一般婴幼儿常用的退热药物是布洛芬和对乙酰氨基酚。一些复方感冒药，如小儿氨酚黄那敏颗粒、氨酚麻美糖浆、复方锌布颗粒等也含有退热成分，但不能与布洛芬、对乙酰氨基酚同服以免药物过量。同时，注意不能超剂量和频繁服用退热药物。一般退热药物起效时间为 30~40 min，两次使用退热药物一般需要间隔 4~6 h。

（5）高热惊厥患儿的护理

一部分婴幼儿，尤其是有高热惊厥家族史的婴幼儿，在发热时可能出现惊厥。高热惊厥一般出现在疾病初期体温骤然上升时，表现为意识丧失、呼之不应、双目凝视、牙关紧闭、全身或局限性肢体抽搐，严重者甚至脚弓反张、颈项强直、面色发绀。

如果遇到婴幼儿高热惊厥发作，在拨打急救电话的同时应就地抢救。立即移开可能对患儿造成损伤的物品，比如教室内的桌椅。让患儿平卧于床上或地面上，解衣领、松衣服，使头偏向一侧，防止舌后坠阻塞呼吸道。清除患儿口鼻咽分泌物、呕吐物等，保持呼吸道通畅。患儿牙关紧闭时不要强行撬开，以免牙齿脱落造成意外窒息。一般不建议按压人中，避免造成局部出血、外伤甚至感染。如患儿体温过高，惊厥发作时不建议口服退热药物以免造成误吸，可以适当给予物理降温，或者等抽搐缓解后给予口服退热药物或肛门内塞退热栓。

技能操作

发热婴幼儿的观察与护理

一、操作准备

掌握有关婴幼儿发热的表现、观察及护理的基础知识，准备好体温计、毛巾、盆子、水杯等物品。

二、操作程序

1. 观察并发现发热婴幼儿

如果发现孩子与平时相比精神不好、烦躁、容易哭闹，不能参与玩耍和游戏，并难以通过他感兴趣的玩具、游戏等方法转移注意力，或者孩子面色比平时苍白或明显发红，双眼无神，或者食欲欠佳，甚至精神不好、拒食；说明孩子可能发热了，一定要给孩子量体温。

2. 发热婴幼儿就医前的观察与护理

对于发热的孩子，应注意体温变化的观察。一般情况的观察包括精神、食欲、睡眠、大小便情况等。伴随症状的观察包括有无皮疹、呕吐、咳嗽、喘息、腹痛、腹泻等；严重情况的观察包括有无大汗淋漓、面色苍白、软弱无力等虚脱现象，有无精神萎靡、呼吸困难、皮肤出血点或瘀斑、严重呕吐或腹泻、尿量少或无尿、便血甚至惊厥、意识障碍等情况。一旦发现有严重情况，及时联系保健医生并拨打 120 急救电话。

对于发热患儿，就医前可给予如下护理：使患儿所处环境安静清洁，保持定期通风；注意让患儿多休息；注意少量多次补充水分，给予清淡易消化饮食；如果患儿发热时手足凉、畏寒、打寒战，此时处于体温上升期，要给患儿穿厚衣服或者盖被子，等患儿手足暖后及时打开衣被散热；如果患儿发热时手足暖，则穿衣盖被不宜过厚，在保健医的指导下给予口服退热药物及物理降温。

3. 发热婴幼儿就医后的观察与护理

就医后，保育员应遵医嘱为婴幼儿喂药，记录每种药物的用药时间及具体剂量。如使用退热药物，应注意两次退热药物间隔的时间及次数的限制。一般退热药物起效时间为 30~40 min，使用退热药物一般需要间隔 4~6 h，24 h 内使用同一种退热药物不超过 4 次。同时注意：不能将一些复方感冒药物及退热药物同时使用，避免退热药物过量。及时监测患儿体温并记录患儿使用退热药物前后体温的变化。同时，继续观察患儿的一般情况、有无伴随症状及严重情况，必要时联系保健医及医院。

在护理方面，应注意让患儿继续处于安静清洁、通风良好的房间，如医生确定患儿为传染病，应在家长到园接走患儿前将患儿隔离，并消毒患儿的物品及房间。让患儿多休息，避免剧烈活动，勤洗手，补充水分和易消化饮食物。根据患儿情况及时增减衣物，大量出汗时要及时用干毛巾擦干，必要时更换衣被，保持皮肤清洁干燥。

三、注意事项

1. 有高热惊厥病史的婴幼儿需要退热更积极

部分婴幼儿发热时会出现高热惊厥，对于有高热惊厥家族史的孩子，或者既往有高热惊厥病史的孩子，在退热时需要比普通孩子更积极。在遇到此类孩子出现发热并伴有手足凉、畏寒、寒战时，不必等体温上升至 38.5 ℃以上时才给予口服退热药物，因为此时处于体温快速上升期，很可能几分钟前测量值为 38 ℃，几分钟后就上升至 39 ℃以上，甚至出现抽搐。

一旦患儿出现高热惊厥，要在拨打急救电话联系医院的同时就地急救。将患儿平放于床面或地面上，移开周围的桌椅板凳等。将患儿的头偏向一侧，清理口鼻咽分泌物。不要在惊厥发作时喂药以免误吸，不要强行撬开紧闭的牙齿。可适当给予物理降温，或等惊厥缓解时给予口服退热药物及退热栓。

2. 做好登记工作

保育员一定要做好发热患儿的登记工作，记录好孩子的姓名、班级等一般信息，并记录患儿的体温变化，使用药物的名称和具体时间，精神、食欲、大小便情况，有无咳嗽、咯痰、皮疹、呕吐、腹泻等伴随症状及有无严重情况。如为传染病患儿，还要做好上报、隔离及消毒的登记。

培训单元 2 常见传染病婴幼儿的早发现与处理

培训重点

- 了解常见传染病的临床表现与预防、隔离知识。
- 能进行传染病患儿的消毒与护理。

知识要求

由于托幼机构婴幼儿密集，如果有传染病患儿，特别容易交叉感染引起托幼机构内传染病的流行，严重危害婴幼儿的健康和托幼机构的正常秩序。以下介绍几种婴幼儿常见传染病的临床表现、预防、隔离、消毒和护理方面的知识。

一、手足口病

手足口病是由肠道病毒感染引起的传染病，多发生于 5 岁以下的婴幼儿。典型症状有：急性起病，发热，口腔、手掌、脚掌及臀部出现斑丘疹及疱疹。皮疹周围有炎性红晕，疱内液体较少。部分患儿可伴有咳嗽、流涕、食欲不振、流涎等症状。该病传染性强，传播方式多样，可通过呼吸道、消化道和密切接触传播，主要通过粪 - 口途径传播，亦可通过接触患儿呼吸道分泌物、疱疹液及污染的物品，如毛巾、刷牙杯、玩具、餐具、床上用品、内衣等引起间接接触传播。

1. 手足口病患儿的护理

（1）隔离与消毒

手足口病患儿需要注意隔离，避免交叉感染，一般从发病到痊愈需隔离 2 周左右的时间。保育员要做好消毒处理，保持房间清洁干燥。地面每日湿式清扫 2

次，病房门把手、床头柜等婴幼儿可接触到的物品表面，每日用 500 mg/L 的含氯消毒剂擦拭消毒 3 次。75% 酒精和 5% 来苏对肠道病毒无效。每日用空气消毒机对病房进行空气消毒 60 min。处理患儿的粪便及排泄物时需要戴手套，脱手套后用流动水洗手。患儿的大小便需要用 1 000 mg/L 的含氯消毒剂作用 2 h。护理患儿用的清洁工具应和其他房间的清洁工具严格分开。

（2）一般护理

目前无特效抗病毒药物和特异性治疗手段，主要是对症治疗，如退热等。一般情况下，体温低于 38.5 ℃时，给患儿补充水分，并进行物理降温，监测患儿体温变化情况；如果患儿体温超过 38.5 ℃时，可以遵照医嘱适当给予退热药物。让患儿多休息，吃清淡易消化、温凉适宜的食物，不吃辛辣、过咸、过凉等刺激性食物。

（3）口腔与皮肤护理

加强口腔护理，多饮水，餐后用温水漱口。可遵医嘱适当给予口腔喷雾剂，以减轻口腔疼痛，促使糜烂早日愈合。剪短患儿指甲，防止抓破皮疹。保持衣服、被褥清洁，衣着宽松柔软，经常更换，床铺保持平整干燥。

（4）注意观察病情变化

由于手足口病可引起脑炎、脑膜炎、肺水肿、心肌炎等严重并发症，一定要严密观察患儿病情变化，注意有无精神萎靡、呼吸急促、颜面苍白或紫绀、头痛、昏睡、惊跳、呕吐等现象，以免发生严重并发症。

2. 手足口病的主要预防措施

（1）接种 EV71 灭活疫苗，教育孩子养成良好的卫生习惯和饮食习惯，如饭前便后洗手、勤洗澡、吃熟食、不喝生水等。

（2）房间经常通风换气，保持环境卫生，衣服被褥要经常在阳光下暴晒。

（3）尽量不带孩子去人多密集、空气不流通的公共场所，避免与其他发热、患出疹性疾病的儿童接触。

【案例 3–1】

对一例手足口病患儿的护理

一天午睡后，保育员张老师发现明明好像很难受，脸色非常红，也没有精神，不愿意参与活动。张老师赶紧摸了摸明明的额头和后背，发现很热，又看了看她的手心，突然发现她手心有个微红的斑点，张老师不敢耽误，马上找来保健医生为明明检查。保健医生检查了明明的双手、双脚、口腔内和前胸、后背，发现明明的口腔内也有两个白斑，周围有红晕，身体的其他部位尚无症状。初步判断是手足口病早期发病的症状，于是赶紧带明明去医院检查。医生确诊明明感染了手足口病。

接到这个消息后，幼儿园马上采取了以下措施：全面排查其余小朋友，发现疑似手足口病患儿及时进行隔离观察和相关处理；彻底消毒幼儿园，避免交叉感染；由于明明父母在外地出差，无法及时接走明明居家隔离，幼儿园安排张老师在隔离室护理明明，并在全园加强手足口病知识的宣传。

1. 对明明进行精心护理

护理工作主要包括以下几个方面：

（1）消毒隔离。做好消毒处理，保持病房清洁。明明所住房间的地面每日湿式清扫 2 次，门把手、床头柜等明明接触到的物品表面，每日用 500 mg/L 的含氯消毒剂擦拭消毒 2 次，每日用空气消毒机进行时空气消毒 2 次，每次 60 min。张老师每次护理明明后都需及时清洁双手，明明的粪便及排泄物用 3% 的漂白粉澄清液浸泡 30 min 后倾倒在指定地点。

（2）遵照医嘱合理用药。

（3）注意休息与饮食。张老师让明明卧床休息，每天多次饮水，吃易消化的流质或半流质食物，保持少食多餐，食物温凉适宜，不吃辛辣、过咸等刺激性食物。

（4）口腔护理。由于明明口腔有糜烂，张老师遵照医嘱定时给她喷口腔炎喷剂，以减轻她的疼痛，促使糜烂早日愈合。

（5）皮疹护理。明明口腔内、手心处的皮疹经常发痒，王老师就剪短明明的指甲，防止她抓破皮疹。

（6）发热护理。少量多次喝水，不时地监测明明的体温。当她的体温超过 38.5 ℃时，张老师遵照医嘱，用冷水浸过的毛巾对她进行物理降温，并观察降温效果，退不下去时就给予口服退热药物。

（7）注意观察病情变化。由于手足口病可引起脑膜炎、心肌炎等并发症，所以张老师严密观察病情变化，看其有无胸闷、头痛、昏睡、呕吐、惊跳等现象。

（8）消毒。明明痊愈后，张老师对明明使用过的床单，病房物品，各种用具、餐具、玩具等进行彻底消毒。

2. 消毒排查，避免交叉感染

为了避免大面积的交叉感染，幼儿园马上采取了应急措施。一方面，迅速对幼儿园全体小朋友进行全面排查，检查手足部掌面、口腔、胸背有无米粒大小或椭圆形珠白色疱疹，周围是否绕以红晕，有无发热、精神不好等症状。另一方面，对明明所在班级的活动室、睡眠室和所有的玩具、物品进行消毒；对明明的衣物、床上物品、床头柜，接触的玩/教具、房间的门把手等进行了重点消毒。

3. 加强手足口病预防知识的宣传

利用各种机会向全园婴幼儿和家长宣传手足口病预防口诀：勤洗手、喝开水、吃熟食、勤通风、晒衣被，防止手足口病等传染病的暴发流行。让婴幼儿做到饭前便后洗手；对婴幼儿的玩具、餐具要定期进行消毒；室内保持空气新鲜，还要注意婴幼儿的营养、休息，提高其机体抵抗力；手足口病流行期间婴幼儿要避免出入公共场所，避免交叉感染。

案例点评：

手足口病是近几年婴幼儿的常见传染病，容易在托幼机构集中暴发，重症手足口病可危及生命。幼教工作者一定要熟练掌握手足口病的症状和护理方法，发现手足口病患儿及时隔离，做好彻底消毒工作，切断传播途径，避免其在托幼机构的暴发流行。

二、麻疹

麻疹是由麻疹病毒引起的具有高度传染性的疾病。尽管已有安全有效的疫苗，麻疹仍是造成全球儿童死亡的重要原因之一。麻疹病毒在外界生存力不强，在强阳光下照射 15 min 即死亡，在新鲜空气中约 2 h 就失去传染力，在流通的空气中 30 min 就失去活性。但麻疹病毒在寒冷、干燥的环境中有较强的耐受力，0 ℃下可生存 1 个月。该病的主要临床表现是：发热、结膜炎、口腔麻疹黏膜斑、全身斑丘疹及疹退后遗留色素沉着伴糠麸样脱屑。麻疹患者是唯一的传染源，通过呼吸道传播，与患者密切接触或者直接接触患者的鼻咽分泌物亦可传播。麻疹患者出疹前后 5 天均有传染性，如有肺炎等并发症传染性可延长至出疹后 10 天。

1. 麻疹患儿的护理

（1）隔离与消毒

对麻疹患儿要做到早发现、早报告、早隔离、早治疗，一般隔离至出疹后 5 天，合并肺炎者延长至出疹后 10 天。对接触麻疹的易感儿童应隔离检疫 3 周，并移至医疗机构给予被动免疫。患儿所处房间的物体表面和地面的消毒按照常规的消毒方法，可选用 500 mg/L 的含氯消毒剂。工作完毕，及时清洁和消毒工作用具，不能与其他房间清洁用品混用。

（2）一般护理

遵照医嘱给予退热、止咳等治疗，继发细菌感染时给予抗生素。世界卫生组织推荐补充维生素 A 减轻麻疹症状。卧床休息，保持室内温、湿度适宜，空气流通，避免强光刺激。补充足够的水分，给予易消化和营养丰富的饮食。

（3）五官及皮肤护理

加强眼睛、鼻腔、口腔和皮肤的清洁护理。每天用温水或生理盐水清洗眼部，然后滴眼药水，每日 2~4 次。口、唇、鼻孔发干时，可涂少许油。经常让患儿用温开水或淡盐水漱口；每天要用温水洗净患儿的手、脸、臀部。注意为患儿修剪指甲，避免因疹子发痒时患儿抓破皮肤而继发感染。

（4）注意观察病情变化

如果病程中发现咳嗽加重、气急、鼻翼翕动、呼吸困难、口唇发绀、声音嘶哑或高热不退等，说明可能出现肺炎、喉炎等并发症，需要立即送至医院诊治。

2. 麻疹的主要预防措施

（1）在婴儿出生后 8 个月，按时接种麻疹疫苗。

（3）麻疹流行期间，尽量避免带孩子去公共场所，以减少感染和传播的机会。托幼机构要认真做好检查，及早发现患儿并采取相应措施。对于已接触麻疹患儿的婴幼儿，应在医生的指导下进行被动免疫，如肌注免疫球蛋白，以预防麻疹的发生或减轻麻疹症状。

三、水痘

水痘是由水痘－带状疱疹病毒引起的常见出疹性传染病。主要临床表现是皮肤黏膜相继出现或同时出现斑疹、丘疹、疱疹和结痂等各类皮疹，全身症状轻微。水痘传染性极强，病人是唯一传染源，主要通过唾液飞沫传染，也可因接触水痘病毒污染的衣服及用品等而得病。患者以婴幼儿多见，集体生活儿童为易感人群，托幼机构、小学等容易发生局部暴发流行。

1. 水痘患儿的护理

（1）隔离与消毒

患儿一旦确诊患了水痘，应立即隔离直至皮疹全部干燥结痂为止。居家隔离时，家中如有其他未患过水痘的小孩，应另择居住处或不与患者同住一个房间。对于接触过水痘疱疹液的衣服、被褥、毛巾、敷料、玩具、餐具，根据情况分别采取洗、晒、烫、煮等方式进行消毒，且不与健康人共用。患儿所处房间的物体表面和地面的消毒可选用含氯消毒剂。

（2）一般护理

遵照医嘱给予抗病毒药物、退热等治疗。注意休息，保持室内温、湿度适宜，空气流通。补充足够的水分，给予易消化和营养丰富的饮食。

（3）皮肤护理

勤换衣被，保持皮肤清洁。注意为患儿勤剪指甲，可戴手套或缠纱布，以防抓伤或继发感染。皮肤瘙痒可局部使用炉甘石洗剂。若护理不当，容易发生脓疱疮等继发细菌感染，致使病情加重。

（4）注意观察病情变化

如果病程中发现患儿持续高热不退、精神萎靡不振、皮疹融合成大疱型或呈出血性等，及时就医。

2. 水痘的主要预防措施

（1）给孩子接种水痘疫苗。养成良好的卫生习惯，勤洗手，以免交叉感染。经常开窗通风，保持室内环境整洁。

（2）每天要做好晨检工作，发现水痘患儿及时报告。患儿应隔离治疗，待病好之后才能复学，自发病起至解除隔离大约 3 周。

四、流行性腮腺炎

流行性腮腺炎是由腮腺炎病毒引起的急性呼吸道传染病，以腮腺肿大和疼痛为主要特征，局部疼痛、过敏，开口咀嚼或吃酸性食物时胀痛加剧，部分患儿可伴随有发热。一次感染后可获得终身免疫。

1. 流行性腮腺炎患儿的护理

（1）隔离与消毒

及早隔离患儿至腮腺肿胀完全消退为止。有接触史的患儿检疫 3 周。公用物品如桌椅、门把手、水龙头等的表面进行擦拭消毒，可使用含氯消毒剂。各班级的抹布、拖把不得混用，并分别放置。

（2）一般护理

遵照医嘱给予退热、清热解毒等处理。让患儿注意休息，保持口腔清洁，忌酸辣等刺激性食物，多饮水。男孩睾丸肿痛时可用丁字带托起。补充足够的水分，给予易消化和营养丰富的饮食。

（3）注意观察病情变化

如果病程中发现患儿出现持续高热不退、头痛、呕吐、睾丸肿痛、腹痛等症状，及时就医，以防脑膜炎、睾丸炎、卵巢炎、胰腺炎等并发症的出现。

2. 流行性腮腺炎的主要预防措施

（1）及早隔离。患儿需要隔离至腮腺肿胀完全消退为止。

（2）婴幼儿应按时接种腮腺炎减毒活疫苗，初次免疫接种 3~4 年后进行加强免疫。

五、流行性感冒

流行性感冒（简称“流感”）起病急，有头疼、畏寒、发热、全身酸痛、乏力等症状。流行病学特点为突然暴发，造成不同程度的流行，具有季节性。流感患者及隐形感染病毒携带者为主要传染源，主要通过飞沫经呼吸道传播，也可通过口腔、鼻、眼睛等处黏膜直接或间接接触传播。接触患者的呼吸道分泌物、体液和被病毒污染的物品也可成为传播途径。流感主要发生在人口密集的单位或地区，儿童为重症病例的高危人群。

1. 流感患儿的护理

（1）隔离与消毒

及早隔离患儿至症状完全消失为止，一般不少于 1 周。保持室内空气清新，每天开窗通风 1~2 次，每次 15~30 min。必要时可使用空气消毒机和紫外线消毒机进行空气消毒。物体表面及环境的消毒采用 500~1 000 mg/L 的含氯消毒剂擦拭，每天 1~2 次。流感病毒对酒精、碘伏、碘酊等常用消毒剂敏感；对紫外线和热敏感，56 ℃条件下 30 min 可灭活。

（2）一般护理

给予奥司他韦等抗病毒治疗，发热时采取降温措施。补充水分，注意休息，给予清淡易消化饮食。

（3）注意观察病情变化

流感可出现肺炎、心肌炎、脑炎等并发症，如患儿有剧烈咳嗽、呼吸费力、频繁呕吐甚至出现惊厥等，一定要及时就医。

2. 流感的主要预防措施

（1）在流行季节到来前接种流感疫苗是最基本的预防措施。疫苗需每年接种方能获得有效保护，故每年 9—11 月，在流感流行季节来临前，需提醒家长给婴幼儿接种流感疫苗。

（2）健康人不要使用流感病人用过的餐具、用具、衣物等，要用开水煮沸消毒。

（3）流感流行期间，尽量不去公共场所，不要到病人家去串门。建议外出戴口罩。搞好室内外卫生，常开窗户通风换气，保持室内空气新鲜，坚持湿式清扫，被褥经常暴晒。加强体育锻炼，增强体质，注意劳逸结合。

（4）婴幼儿密切接触流感病人后，建议口服奥司他韦预防流感的发生，以免引起严重的并发症。

【案例 3–2】

对一例流感患儿的护理

有一天，幼儿园中班的小朋友午睡起床后，保育员王老师发现婷婷脸色很红，精神也不太好，还有点咳嗽，似乎与往日不同。王老师赶紧摸了摸婷婷的额头和后背，感觉很热，于是马上找来保健医生为婷婷检查。保健医生检查了婷婷的双手、双脚、口腔和前胸、后背，没有发现皮疹。但是婷婷的身上摸着更热了，也越来越没精神，难受得趴在桌子上，于是幼儿园赶紧安排专车送婷婷去医院。经检查，医生确诊婷婷得了流感，需要马上进行隔离治疗。

接到这个消息后，幼儿园马上通知了婷婷的家长，但是由于家长工作忙，暂时无法到幼儿园把婷婷接回家。幼儿园采取了以下措施：安排专人精心护理婷婷，把传染病信息上报给上级部门；对幼儿园的所有小朋友进行全面排查，发现疑似流感患儿，进行隔离观察和相应处理；对幼儿园进行全方位的消毒处理，避免交叉感染；对家长和孩子加强流感知识的宣传。

1. 对婷婷进行精心护理

为了减少婷婷的陌生感和恐惧感，使婷婷早日康复，幼儿园安排保育员王老师在隔离室负责婷婷的护理工作。护理工作主要从以下几个方面展开：

（1）消毒隔离。婷婷所住房间每天空气消毒 2 次，地面每日湿式清扫 2 次，病房门把手、床头柜等婷婷可接触到的物品表面，每日用 500 mg/L 的含氯消毒剂擦拭消毒 2 次。王老师每次护理婷婷后都及时清洁双手。

（2）遵照医嘱合理用药。王老师遵照医嘱定时给婷婷口服抗病毒药物——奥司他韦颗粒。婷婷一贯害怕吃药，王老师就准备好冰糖水，告诉婷婷大口喝完药后，马上喝点冰糖水就好了。婷婷很配合老师，吃药也越来越勇敢了。

（3）注意休息与饮食。王老师安排婷婷卧床休息，每天多次饮水，吃鸡蛋羹、米粥等既有营养又易消化的流质或半流质食物，保持少食多餐。

（4）口腔护理。鼓励婷婷多饮水，保持口腔清洁。每次餐后用温水漱口，预防感染。

（5）发热护理。婷婷隔离护理的前几天一直反复高烧，王老师每隔 1~2 h 就会检测婷婷的体温。每当婷婷的体温超过 38.5 ℃时，王老师就会按照医生的嘱咐给婷婷喂退热药，并记录所用退热药物的名称、剂量和时间，以免药物使用不当对孩子的身体造成损害。同时，配合物理降温，保证婷婷少量多次喝水，并使她的衣服、被褥保持清洁干爽，床铺保持平整干燥。

（6）注意观察病情变化。由于流感可引起肺炎、心肌炎等并发症，所以王老师严密观察婷婷的病情变化，看其有无咳嗽剧烈、呼吸急促、胸闷、头痛、恶心、呕吐等现象，并让保健医生定时测量婷婷的脉搏、呼吸、心率和血压，以防发生病毒性心肌炎。

（7）心理护理。王老师处处爱护和体贴婷婷，给婷婷念书、讲故事、哼歌，尽量消除婷婷的恐惧感，让婷婷保持情绪稳定，以便身体尽早康复。同时，王老师也运用自己的医学常识，向婷婷的家长讲解流感的基本知识，消除家长的紧张情绪。

一周后，婷婷痊愈了，王老师对婷婷使用过的床单等物品、各种用具、餐具、玩具等都进行了彻底消毒。

2. 消毒排查，避免交叉感染

为了避免大面积的交叉感染，幼儿园马上采取了应急措施。一方面，迅速对幼儿园所有小朋友进行全面排查，检查有无发热、精神不好等症状；另一方面，迅速对婷婷所在班级的活动室、休息室和所有的玩具、物品进行消毒，对婷婷的衣物、床上物品及接触过的玩 / 教具、房间的门把手等进行了重点消毒。

3. 加强流行性感冒预防知识的宣传

由于近年来流感有暴发流行的趋势，全国各地病例比较多，所以指导婴幼儿及其家长做好婴幼儿卫生保健工作显得尤为重要。为此，幼儿园专门召开了家长会，向家长系统地介绍了流感发病、传播、治疗的基本常识。在日常的教育工作中，利用各种机会向婴幼儿和家长宣传流感的预防知识，提倡接种流感疫苗，加强居室通风，室内保持空气新鲜，做好手卫生，还要注意婴幼儿的营养、休息，提高其机体抵抗力。流感流行期间，提倡婴幼儿避免出入公共场所，避免交叉感染。

案例点评：

流感是近几年婴幼儿的常见传染病，尤其在婴幼儿集中的托幼机构，特别容易出现大面积流行，所以幼教工作者要掌握流感的高发时间、发病症状、护理和简单的治疗方法，学会切断传播途径，保障婴幼儿的身体健康和生命安全。

六、猩红热

猩红热为 A 组 β 型溶血性链球菌引起的急性传染病，临床以发热，咽喉肿痛或伴糜烂，全身出猩红色皮疹，疹后脱屑蜕皮为特征。本病一年四季都可发生，但以冬春两季为多。任何年龄皆可发病。A 组 β 型溶血性链球菌对热及干燥的抵抗力较弱，但在痰及脓液中可生活数周。猩红热主要通过飞沫传播或直接密切接触传播，也可通过污染玩具、生活用品和食物等经口传播。感染化脓性链球菌后可产生特异性抗菌免疫及抗毒免疫，但各型之间无交叉免疫，故可重复感染。猩红热一般起病急骤，临床表现为高热，咽及扁桃体有脓性渗出物，舌苔白，舌尖和边缘红肿，突出的舌乳头呈白色，成为“白草莓舌”。在发热 24 h 内出疹，皮疹最早见于耳后、颈部、上胸部、腋下，然后迅速由上而下波及全身。皮疹特点是全身皮肤弥漫性发红，其上有红色细小丘疹，呈鸡皮样，抚摸时似砂纸感，压之褪色。退疹后一周内开始脱皮，脱皮持续 2~4 周，不留色素沉着。

1. 猩红热患儿的护理

（1）隔离与消毒

及时隔离患儿。对保教人员及其他婴幼儿要加强晨、午检，注意观察有无咽炎、扁桃体炎等嗓子痛的可疑患者，发现后及时去医院诊断治疗。患儿接触过的食具要煮沸消毒，用具、桌椅等用来苏水擦拭消毒。室内应充分通风换气。

（2）一般护理

让急性期患儿卧床休息，避免发生并发症，使用抗生素应足量、足疗程，同时采取降温、补水、提供清淡易消化饮食等对症护理措施。

（3）注意观察病情变化

猩红热容易并发化脓性炎症、中毒性心肌炎、急性肾小球肾炎、风湿性心脏病等，因此一定要多加留心。在出疹期要注意患儿有无心慌、气短、脉搏加快甚至呼吸困难等症状，以便及时发现心肌炎。发病 1 周左右，患儿如果出现发热不退、颈部或颌下淋巴肿痛，就有可能并发化脓性淋巴结炎，耳内可能并发化脓性中耳炎。发病 2 周左右，注意患儿有无关节肿痛的现象，如不及早治疗，还可能导致风湿热引起风湿性心脏病。发病 3 周左右，注意患儿有无茶色尿、浮肿、腰痛等现象，这是肾炎的可能表现。

2. 猩红热的主要预防措施

（1）及时隔离病人，直至临床症状消失、咽拭子培养链球菌阴性时解除隔离。对密切接触的易感儿童应隔离 7~12 天，对体弱儿可用药物预防，如口服青霉素类或头孢类药物。

（2）对患儿的分泌物和污染物及时消毒处理。本病流行期间，婴幼儿尽量避免去公共场合。

（3）注意居室通风，空气流通。

七、细菌性痢疾

细菌性痢疾简称菌痢，是由志贺菌属感染引起的一种常见肠道传染病，临床上以发热、腹痛、腹泻、里急后重及黏液脓血便为特征。严重者精神萎靡、面色青灰、四肢厥冷、呼吸微弱、皮肤花纹、反复惊厥、嗜睡，甚至昏迷，这是由于痢疾杆菌内毒素的作用，并且可能与某些儿童的特异性体质有关。

志贺菌随粪便排出体外，传播方式有多种：经生活接触传播，主要通过患者或带菌者的手及其粪便污染日常用品而传播；经水传播，水体一旦被志贺菌污染，在被污染的水体中游泳或喝生水可引起暴发流行；经食物传播，瓜果蔬菜常因用未经无害化处理的人粪施肥而被志贺菌污染，生吃未洗干净的瓜果、蔬菜可引起痢疾散发病例，不洁的群体性聚餐是引起食物性传播的主要形式；经苍蝇、蟑螂等生物媒介传播。

菌痢在各年龄均可发生，婴儿发病率低，1 岁以后突然升高，1~5 岁形成发病高峰。70% 的菌痢病例和 60% 的死亡病例发生于 5 岁以下的儿童，其次是年老人群及营养不良人群。

1. 细菌性痢疾患儿的护理

（1）隔离与消毒

尽早发现患儿，发现后及时去医院诊断治疗。隔离治疗患儿，至少培养大便 2 次阴性。

（2）一般护理

加强营养支持，促进康复。给予高热量、高维生素，纤维素含量少、清淡易消化饮食，以半流质食、软食为主，避免辛辣、生冷、质硬的食物；提供清洁舒适的进餐环境，鼓励患儿进食、多饮水，每周测体重 1 次。必要时遵医嘱给予静脉营养。

（3）注意观察病情变化

如果发现细菌性痢疾患儿出现精神萎靡、面色青灰、四肢厥冷、呼吸微弱、皮肤花纹、反复惊厥、嗜睡，甚至昏迷，立即送至医院诊治。

2. 细菌性痢疾的主要预防措施

（1）细菌性痢疾主要通过粪－口途径传播，应注意水源卫生和饮食卫生。喝开水、不喝生水；饭前便后要洗手；食品做熟后再吃，慎用凉拌菜；剩饭菜要加热后再吃；生熟分开；防止苍蝇叮爬食物。做好“三管一灭”（管水、管粪、管饮食，消灭苍蝇），切实落实食品卫生管理措施，严格执行《中华人民共和国食品卫生法》。

（2）一旦发现感染者应尽快送医院检查就诊，做到早发现、早隔离、早消毒、早治疗。

（3）患儿应进行隔离，加强护理，给予正确治疗。

（4）做好饮食卫生、水源及粪便管理，切断传染途径。

培训单元 3　预防接种不良反应的早发现与处理

培训重点

- 了解预防接种的意义及预防接种疫苗的主要类型。
- 能进行预防接种后婴幼儿的护理。

知识要求

一、预防接种的概念和意义

预防接种又称人工免疫，是将疫苗通过适当的途径接种到人体内，使人体产生对该传染病的抵抗力，从而达到预防传染病的目的。预防接种能够使婴幼儿产生对疾病的免疫力，是托幼机构贯彻“预防为主”方针的有效方法之一。

一般来说，6 个月以上的婴儿从母体获得的抗体已经逐渐消失，容易感染疾病。为了达到保护的目的，选择几种对婴儿威胁较大的传染病疫苗，在短期内接种到婴儿体内，使他们获得对这些传染病的免疫力，并为今后的免疫打下基础。这种初次预防接种称为基础免疫。

在完成基础免疫后，经过一定的时间，体内的保护性抗体会逐渐减弱或消失，为使机体继续维持必要的免疫力，需要根据不同疫苗的免疫特点在一定时间内进行再一次培种，以巩固免疫效果，这种复种称为加强免疫。乙肝疫苗、麻疹疫苗等多种疫苗都需要经过复种，以不断提高免疫力。

我国对儿童实行预防接种证制度。适龄儿童应当按照国家有关规定，接受预防接种。适龄儿童的家长或者监护人应当及时向医疗保健机构申请办理预防接种证。托幼机构、学校在办理入托、入学手续时，应当检查预防接种证，未按规定接种的儿童应当及时补种。

二、预防接种疫苗的主要类型和接种时间

按照疫苗性质划分，疫苗分为减毒活疫苗和灭活疫苗。接种这两种类型的疫苗后均可促使人体产生抗体，获得免疫力。减毒活疫苗中细菌或病毒的毒力减弱，使用方便；灭活疫苗的毒力完全丧失，一般需要接种 2~3 次。

按照疫苗成分分类，疫苗分为单苗（如麻疹疫苗、乙肝疫苗）和联合疫苗（如麻腮风疫苗、百白破疫苗等）。联合疫苗能预防的疾病数量多，大大减少了婴幼儿总体接种次数，并降低了产生不良反应的风险。

按照国家政策，疫苗分为一类疫苗和二类疫苗。一类疫苗是指政府免费向公民提供，公民应按政府规定接种的疫苗，如乙肝疫苗、百白破疫苗等；二类疫苗是指专家建议接种，由公民自费并且自愿接种的其他疫苗，如水痘疫苗、肺炎疫苗等。2021 年，国家卫生健康委员会颁布《国家免疫规划疫苗儿童免疫程序及说明（2021 年版）》，其中儿童免疫程序表见表 3–1。

三、预防接种后婴幼儿的基本护理

1. 接种后，保育员要组织婴幼儿多饮水。

2. 接种当天，保育员不能给婴幼儿洗澡。

3. 接种后婴幼儿的活动量不可过大，保育员要组织接种的婴幼儿进行一些安静的游戏活动，如搭积木、拼图、讲故事等。

4. 保育员要提醒婴幼儿打针处可能会发痒，但不可抓挠，避免感染。

5. 注意观察患儿是否有发热、局部皮肤红肿等不良反应。

表 3-1　国家免疫规划疫苗儿童免疫程序表（2021 版）

可预防疾病	疫苗种类	接种途径	剂量	英文缩写	接种年龄														
					出生时	1月	2月	3月	4月	5月	6月	8月	9月	18月	2岁	3岁	4岁	5岁	6岁
乙型病毒性肝炎	乙肝疫苗	肌内注射	10 μg 或 20 μg	HepB	1	2					3								
结核病[1]	卡介苗	皮内注射	0.1 mL	BCG	1														
脊髓灰质炎	脊灰灭活疫苗	肌内注射	0.5 mL	IPV			1	2											
	脊灰减毒活疫苗	口服	1 粒或 2 滴	bOPV					3								4		
百日咳、白喉、破伤风	百白破疫苗	肌内注射	0.5 mL	DTaP				1	2	3				4					
	白破疫苗	肌内注射	0.5 mL	DT															5
麻疹、风疹、流行性腮腺炎	麻腮风疫苗	皮下注射	0.5 mL	MMR								1		2					
流行性乙型脑炎[2]	乙脑减毒活疫苗	皮下注射	0.5 mL	JE-L								1			2				
	乙脑灭活疫苗	肌内注射	0.5 mL	JE-I								1、2			3				4
流行性脑炎髓膜炎	A 群流脑多糖疫苗	皮下注射	0.5 mL	MPSV-A							1		2						
	A 群 C 群流脑多糖疫苗	皮下注射	0.5 mL	MPSV-AC												3			4
甲型病毒性肝炎[3]	甲肝减毒活疫苗	皮下注射	0.5 mL 或 1.0 mL	HepA-L										1					
	甲肝灭活疫苗	肌内注射	0.5 mL	HepA-I										1	2				

注：1. 主要指结核性脑膜炎、粟粒性肺结核等。

2. 选择乙脑病毒活疫苗接种时，采用两剂次接种程序。选择乙脑灭活疫苗接种时，采用四剂次接种程序；乙脑灭活疫苗第 1、2 剂 间隔 7~10 天。

3. 选择甲肝减毒活疫苗接种时，采用一剂次接种程序。选择甲肝灭活疫苗接种时，采用两剂次接种程序。

四、预防接种后的常见不良反应及护理

1. 局部或全身反应

婴幼儿在接种后 24 h 左右会有局部或全身的反应，局部反应表现为注射部位红肿硬结，严重者可引起附近淋巴结肿大，有压痛感。对注射处出现的红肿，可采取局部热敷的方法，如红肿范围过大或局部破溃流脓，要及时就医。

2. 发热、食欲不振、头疼、恶心、呕吐、腹泻等

接种后的婴幼儿还可能出现发热、食欲不振、头疼、恶心、呕吐、腹泻等症状，保育员应注意观察，及时给孩子补充水分。大部分儿童的接种反应症状是轻微的、暂时的，一般 1~2 天后便可消失。若体温过高，可遵照医嘱服用退热药，反复高热时需至医院就诊。

3. 偶合反应

预防接种后的不良反应要与偶合反应相区别。预防接种后的不良反应是指合格的疫苗在实施规范接种后，发生与预防接种目的无关或意外的有害反应，包括一般反应和异常反应。一般反应是在预防接种后发生的，由疫苗本身所固有的特性引起的，对机体只会造成一过性生理功能障碍的反应，主要有发热和局部红肿，同时可能伴有全身不适、倦怠、食欲不振、乏力等综合症状。异常反应是合格的疫苗在实施规范接种过程中或者实施规范接种后造成受种者机体组织器官、功能损害，相关各方均无过错的药品不良反应。

偶合反应与预防接种无关，只是因为时间上的巧合而被误认为由接种疫苗所引起。冬季常偶合流行性脑脊髓膜炎，夏季常偶合肠道传染病，可经医生诊断加以鉴别。在婴幼儿接种疫苗时注意是否有一些传染病的早期症状，要注意区分偶合反应与不良反应，做出正确的判断，并及时给予相应的处理，必要时送医院就诊。

技能操作

预防接种后婴幼儿的观察与护理

一、操作准备

了解预防接种的时间及内容。

二、操作程序

1. 预防接种后婴幼儿的基本护理

预防接种后，保育员要组织孩子多饮水，2~3 天内不给孩子洗澡，以免接种部位的皮肤接触水。提醒孩子不可用手抓挠打针处皮肤，避免皮肤感染。同时，避免接种疫苗后孩子剧烈活动，为其安排一些安静的活动，比如搭积木、拼图、讲故事等。

2. 及时观察和发现预防接种后的不良反应

注意观察预防接种后孩子的一般情况，如精神、食欲、面色等，如发现孩子接种疫苗后出现精神不好、面色发红、食欲下降、烦躁或嗜睡等情况，保育员应注意为孩子测量体温，观察接种部位有无红肿化脓，掀开衣物观察身上有无皮疹、紫癜等。如发现出现发热、接种部位红肿化脓、出现皮疹或紫癜等异常情况，及时联系保健医生，必要时送医院就诊。

3. 加强对预防接种后出现不良反应婴幼儿的护理

对于预防接种后出现发热的孩子，应注意监测体温。注意让孩子休息，适时增减衣物，保持皮肤清洁干燥，避免剧烈活动，及时补充水分，给予清淡易消化饮食。一般情况下，体温不超过 38.5 ℃时，给予物理降温，补充水分；如果体温超过 38.5 ℃，或孩子因发热极度不适，可以在保健医生的指导下口服退热药物，记录用药情况及用药后的反应。

对注射处皮肤出现的红肿，48 h 内可用毛巾包裹冰块局部冷敷，48 h 后可用热毛巾局部热敷，每次 10~15 min，每天 2~3 次。如红肿范围过大或局部破溃流脓，或出现皮疹、紫癜、反复高热、惊厥等情况，应及时送医院就诊。

三、注意事项

偶合反应与预防接种无关，只是因为时间上的巧合而被误认为是预防接种所引起的。婴幼儿在预防接种时正处于某种疾病的潜伏期或者前驱期，接种后巧合发病。

［案例 3–3］

预防接种后出现不良反应婴幼儿的观察与护理

一个夏天的上午，豆豆的妈妈像往常一样把 2 岁的豆豆送到了幼儿园，并告诉保育员刘老师豆豆早上接种了流感疫苗，让保育员老师多照顾豆豆。说完，豆豆妈妈匆匆地赶去上班了。

1. 预防接种后的基本护理

这天上午，保育员刘老师有意观察豆豆的精神、食欲等情况，时不时地摸摸豆豆的额头和身上确认是否发热，并让豆豆多喝水，也没有让豆豆参加活动量大的室外游戏，而是陪着豆豆在教室内搭积木、拼图、讲故事等，尽量让豆豆进行一些安静的游戏。豆豆想跟其他小朋友一起玩打水仗，考虑到可能会弄湿接种疫苗处的皮肤，刘老师就带豆豆玩他最喜欢的机器人。

2. 及时观察和发现预防接种后的不良反应并加强护理

一上午下来，豆豆的精神状态还可以，也很配合刘老师的安排。但是，中午吃饭的时候，豆豆说他胳膊痒，说着就要去抓接种疫苗处。刘老师看了看接种疫苗处的皮肤，发现皮肤红肿，就用毛巾包裹冰块冷敷接种处的皮肤。冷敷 15 min 后，刘老师告诉豆豆："现在是细菌在跟身体打仗呢，千万不能挠破皮肤，以免坏细菌跑到身体里去。"豆豆就听话地去午睡了。

午休结束，刘老师发现其他小朋友都起床了，豆豆还在睡，就过去叫豆豆。走近床边一看，豆豆的小脸跟平时比有点红，摸摸额头和后背，有点热，就赶紧给豆豆量了下体温，38 ℃，只是低热。刘老师舒了一口气，叫豆豆起床，并给豆豆倒了一杯水慢慢喝下，同时通知保健医生及时给豆豆做了体格检查。保健医生考虑到是预防接种的不良反应，且是低热，就决定让豆豆留园观察。

下午，刘老师继续陪着豆豆做一些安静的游戏，并少量多次喝水。16：00 左右，刘老师发现豆豆很没精神，趴在了桌子上，不愿意动，就赶紧复测了豆豆的体温，39.5 ℃。这时，接种处皮肤红肿明显，但是没有破溃。于是刘老师通知了豆豆的妈妈，并在豆豆妈妈没有来之前，遵医嘱给豆豆采取一些降温措施，给豆豆喝了退热药布洛芬，并继续补充水分，同时将冰袋用毛巾包住，放在豆豆额头部、颈部两侧、腋窝等血流丰富处。

等到豆豆妈妈来到幼儿园，豆豆已经出汗了，但是精神状态还是不太好，接种部位皮肤红肿明显，于是带豆豆去医院就诊，医生检查后表示是疫苗接种不良反应，建议对症护理，观察并定期复诊。

案例点评：

婴幼儿需要定期接种疫苗获得对传染病的抵抗力，但是部分孩子可能出现疫苗接种不良反应，比如发热、呕吐、腹泻、食欲不振、接种部位皮肤红肿等。对于接种疫苗后的婴幼儿，保育员老师一定要注意观察，及时发现不良反应并给予相应护理。上述案例中，保育员刘老师做得非常恰当。

1. 刘老师知道豆豆接种疫苗后，根据自己所学的预防接种后婴幼儿护理方面的知识，让豆豆少量多次喝水，尽量进行一些安静的游戏，不要弄湿或污染接种部位皮肤，并注意观察豆豆的情况，看豆豆是否发热，接种部位皮肤是否红肿。

2. 当豆豆说胳膊痒时，刘老师查看了接种部位的皮肤情况，发现接种部位皮肤红肿后，给予局部冷敷。她发现豆豆精神状态不太好、身上热时，及时测量豆豆的体温。由于体温过高，刘老师及时联系了家长，并在家长到达之前遵照医嘱给予药物和物理降温。

在这个案例中，刘老师给予了正确护理，及时观察和发现预防接种后的不良反应，并对发热、接种部位皮肤红肿这些不良反应加强护理，做法值得我们学习。同时，我们也要注意预防接种后偶合反应的鉴别。

培训项目 2 体格检查

培训单元 1 幼儿体格发育评价

培训重点

- 了解不同年龄阶段婴幼儿的体格发育特点。
- 了解不同年龄阶段婴幼儿的体格发育评价内容、方法及意义。
- 能进行婴幼儿体格发育评价。

知识要求

儿童体格生长是指儿童身体各器官、系统的形体长大和形态变化，有相应的测量值，是机体量的改变。发育是细胞、组织、器官功能的分化与成熟，是机体质的变化。生长和发育二者密不可分，共同表示机体的动态变化。

一、儿童体格发育特点

在儿童整个生长发育过程中，尽管受诸多因素，如种族、遗传、性别、环境、教养等的影响，可出现不同的生长模式，但总的规律是一致的。认识儿童体格生长规律有助于正确评价儿童体格发育状况。

1. 生长呈现连续性和阶段性

儿童时期，体格生长是一个连续的过程，但各年龄段的生长发育并非保持匀速增长，不同年龄阶段的儿童生长速度不同。例如，身长和体重在婴儿期增长很快，1岁时体重是出生体重的3倍，身长是出生身长的1.5倍，此为出生后的第一个生长高峰。第2年以后生长速度逐渐减慢，直至青春期，体重和身高（身长）生长又迅速增快，出现生长发育的第二个高峰。

2. 各系统器官生长发育不平衡

人体各系统发育快慢不同，有先有后。神经系统发育最早，脑的发育速度在出生后的头2年最快，5岁时脑的大小和质量已接近成人水平。淋巴系统在出生后发育迅速，到青春期达到顶峰，然后逐渐退化。生殖系统发育最晚，到青春期才迅速发育。其他系统如呼吸系统、循环系统、消化系统、泌尿系统以及肌肉的发育与体格生长平行。

3. 生长发育遵循一般规律

生长发育遵循由上而下、由近而远、由粗糙到精细、由简单到复杂、由低级到高级的规律。例如，婴儿出生后运动发育规律是先抬头、后抬胸，再会坐、立、行、走，这是由上而下；先会挥动手臂，然后再会做手指的运动，这是由近而远；先会抓东西，再会用拇指和食指，这是由粗糙到精细；先会发单音，然后会看、听、感觉事物，再发展到有记忆、思维、分析和判断，这是由低级到高级。

4. 生长发育有个体差异

儿童生长发育虽有一定的规律，且有许多共性，但由于遗传和环境的影响，存在着相当大的个体差异，必然呈现高矮、胖瘦、智力等方面的不同。如父母矮的孩子与父母高的孩子相比，两者身高（身长）可相差很大，但都属于正常生长范围。每个儿童有自身特定的生长轨道，不会完全相同。因此，在确定儿童生长发育的正常值时，往往是一个范围，而不是一个绝对值。

二、各年龄段体格发育特点

儿童的年龄主要分为7个阶段，依次是胎儿期、新生儿期、婴儿期、幼儿期、学龄前期、学龄期和青春期。

胎儿期是从受精后的第四周开始，到婴儿出生前为止，以组织和器官的迅速生长和功能的渐趋成熟为特点。

新生儿期是从胎儿娩出到生后28天，此4周为新生儿期。新生儿期是婴儿出生后真正适应外界环境突变的重要时期，尤其在出生后的7天，是死亡率、发病率最高的阶段。这第一周内需要加强访视，针对新生儿的体格发育做评价，指导母亲进行母乳喂养，实施新生儿免疫接种计划。

婴儿期是从婴儿出生到满周岁，是儿童生长发育的第一个高峰。身长一般能增长 25~30 cm 左右，体重可增加到出生时的 3 倍。脑发育也很快。

幼儿期指从一周岁到满三周岁。在幼儿期，儿童前囟闭合，乳牙慢慢出齐，饮食从流质逐渐过渡到普通的饮食。与婴儿期相比，体格发育速度相对放慢，但语言、动作、心理发育非常显著。

学龄前期指 3 周岁到入学前（6~7 岁），体格发育稳步增长，身高每年会增加 5~7 cm，体重也有均匀的增长。

学龄期指入学到青春期开始，体格和智能稳步增长和发育。

到了青春期，儿童出现第二个生长发育的高峰，身高、体重快速增长，第二性征和生殖系统迅速发育。

三、体格生长评价指标

对婴幼儿进行定期生长监测，能及早发现不良因素，有针对性地采取干预措施，使儿童最大限度地发挥自身的生长潜力，提高儿童的生长发育水平。体格生长评价指标包括以下几项。

1. 体重

体重是身体各器官、系统和体液质量的总和，是反映营养状况最常用的指标。儿科临床工作中常用体重计算药量。

出生体重与新生儿的胎次、胎龄、性别以及宫内营养有关。我国 2005 年九市城区调查结果显示，男婴出生体重平均为 3.3 kg，女婴为 3.2 kg，与世界卫生组织的参考值一致。出生体重受宫内发育影响大，出生体重过低可能是由于早产或宫内发育迟缓所致。新生儿出生后因进食少、水分丢失、胎粪排出，可出现生理性体重下降，大都在出生后 3~4 天降至最低点，以后逐渐回升，7~10 天左右恢复到出生时的体重，下降的体重最多不超过出生时体重的 10%。

儿童体重增长为非等速增加。生后第一年增长明显，随着年龄的增加，体重增长速度逐渐减慢。我国 2005 年儿童体格发育调查资料显示，正常足月婴儿在出生后头 3 个月体重增加最迅速，3 月龄时体重约等于出生时的 2 倍；第二个 3 个月，每月体重增加速度减慢一半，每月平均增加 500~600 g；第三个 3 个月，每月体重增加速度再减慢一半，每月平均增加 250~300 g；第四个 3 个月，每月体重平均增加 200~250 g；至 12 月龄时，体重约等于出生时的 3 倍。0~1 岁是生后体重增长最快的时期，系第一个生长高峰；出生后第 2 年，体重增加 2.0~2.5 kg，平均每月增加 200 g，2 岁时体重约为出生时的 4 倍；2 岁至青春期前体重增长减慢，稳速生长，年增长值约为 2.0 kg；青春期开始后体重又猛增，年增长 4.0~5.0 kg，持续 2~3 年，系第二个生长高峰。

为方便临床应用体重计算用药量和输液量，可用以下公式粗略估计青春期前的儿童体重：

3~12 个月体重（kg）=（月龄 +9）÷ 2

1~6 岁体重（kg）= 年龄（岁）× 2+8

7~12 岁体重（kg）= [年龄（岁）× 7–5] ÷ 2

2. 身长（身高）

身长（身高）是指头顶至足底的长度。3 岁以下儿童立位测量不准确，应仰卧位测量，称为身长；3 岁以后可立位测量，称为身高。立位与仰卧位的测量值相差 1~2 cm。身长（身高）的增长规律与体重相似，年龄越小，增长越快。出生时身长平均为 50 cm。出生后第 1 年身长增长最快：出生头 3 个月，身长平均每月增长 4 cm，3 月龄时身长可以达到 62 cm 左右；第二个 3 个月，平均每月增长 2 cm；6 月龄至 1 周岁，平均每月增长 1 cm，1 周岁时身长达 75 cm 左右。第 2 年身长增长速度减慢，平均增长 11~12 cm，2 周岁时身长约 87 cm。2 岁以后直至青春期前，平均每年增长 5~7 cm。青春期受内分泌的影响，出现身高增长的第二个高峰，男性比女性晚 2 年，在身高增长高峰时期，男性 1 年身高平均增加 9 cm，女性平均增加 8 cm。

青春期前儿童身长（身高）估算公式为：2~12 岁身长（身高）(cm)= 年龄（岁）× 7 + 77。

身长（身高）为身体的全长，包括头部、脊柱和下肢的长度，这三部分的发育进度并不相同，一般头部发育较早，下肢发育较晚。因此，临床上有时须分别测量上部量和下部量，以检查其比例关系是否正常。

自头顶至耻骨联合的上缘为上部量，自耻骨联合的上缘至脚底为下部量。上部量主要反映脊柱的增长，下部量主要反映下肢的增长。新生儿下部量比上部量短，下部量占 40%，上部量占 60%，身长的中点在肚脐以上；1 岁时中点在肚脐下；6 岁时中点移至肚脐与耻骨联合之间；12 岁左右上部量与下部量相等，中点在耻骨联合处。因为上部量和下部量测量不易准确，现在常用坐高代替上部量，身长（身高）减掉坐高代替下部量，这样测出的坐高与下部量的比值接近于上部量与下部量的比值。坐高（顶臀长）是头顶到坐骨结节的长度。3 岁以下儿童仰卧位测量为顶臀长。坐高增长代表头颅与脊柱的发育。

身长（身高）受种族、遗传和环境的影响较为明显，受营养状况的短期影响不明显，但与长期营养状况有关。儿童身长（身高）常与父母平均身高相关。身长（身高）的异常，要考虑内分泌和骨软骨发育不良的影响。如甲状腺功能减退引起的克汀病，可导致身材矮小且智力低下。软骨发育不全的儿童既矮又有四肢畸形。垂体性巨人症是由于垂体分泌异常所致。马方综合征又称为马凡综合征，为常染色体显性遗传病，患病特征为四肢、手指、脚趾细长不匀称，身高明显超出常人，同时常伴有心血管系统异常。

3. 头围

头围反映脑和颅骨的发育程度。头部发育最快的时期为出生后头半年。新生儿头围平均为 34 cm，出生后头半年增加 9 cm，后半年增加 3 cm，至 1 周岁时头围平均约 46 cm；第 2 年头围增长减慢，约增长 2 cm，2 岁时头围约 48 cm；5 岁时接近成人头围，为 54~58 cm。出生时头围 <32 cm，3 岁后头围 <45 cm，称为小头畸形。头围偏小要考虑大脑发育不全，小头畸形；头围过大时应注意有无脑积水。

4. 胸围

胸围反映胸廓、胸背肌肉、皮下脂肪及肺的发育程度。出生时胸廓呈圆筒状，胸围平均为 32 cm，比头围小 1~2 cm；随着年龄的增长，胸廓的横径增加快，1 岁左右时胸围约等于头围；1 岁以后胸围逐渐超过头围；1 岁至青春期前，胸围应大于头围，此期胸围（cm）约等于（头围 + 年龄 −1）。

5. 腹围

婴儿期胸围与腹围相近，以后腹围小于胸围。影响腹围的因素比较多，肠麻痹、腹水时会出现腹部膨隆。测量腹围时应使受测者取卧位，以脐部为中心，绕腹部 1 周。

6. 上臂围

上臂围能反映儿童骨、肌肉、皮肤和皮下组织的综合情况，在无条件测量儿童的体重和身高时，上臂围可以用来评估 5 岁以下儿童的营养状况：高于 13.5 cm 为营养良好，12.5~13.5 cm 为营养中等，低于 12.5 cm 为营养不良。

7. 身体比例与匀称性

（1）头与身长的比例

在宫内与婴幼儿期，头领先生长，而躯干、下肢生长则较晚，生长时间也较长。因此，头、躯干、下肢长度的比例在生长进程中会发生变化。新生儿期，头长占身长（身高）的比例为 1/4，成人后为 1/8。

（2）体型匀称

体型匀称以体型（形态）生长的比例表示，如身高别体重（weight for height，W/H），胸围 / 身高（身高胸围指数），体重（kg）/ 身高（cm）× 1 000（Quetelet 指数），体重（kg）/［身高（cm）］^{2} × 10（Kaup 指数，幼儿用）等。

（3）身材匀称

以坐高（顶臀长）与身长（高）的比例表示，反映下肢的生长情况。坐高（顶臀长）占身长（高）的比例出生时为 0.67，14 岁时下降到 0.53。任何影响下肢生长的疾病，可使坐高（顶臀长）与身长（高）的比例停留在幼年状态，如甲状腺功能减退与软骨营养不良。

（4）指距与身高

正常时，指距略小于身长（高）。如指距大于身高 1~2 cm，对诊断长骨的生长有参考价值，如马方综合征。

四、体格测量方法

1. 体重

测量体重前应校正磅秤的零点。测量体重应在空腹、排空大小便、裸体或仅穿背心、短裤的情况下进行。如果衣服不能脱成单衣单裤，计数时应减去衣服质量，穿戴尿不湿的婴幼儿应扣除尿不湿的质量。称体重时，婴儿可取卧位，年长儿取站位，两手自然下垂，测量时不能摇晃身体或者接触其他物体。使用电子体重计称重时，待数值稳定后读数，体重记录以千克（kg）为单位，有效数字取至小数点后 1 位。另外，还可以由大人抱着婴儿测量，然后减去大人质量和婴儿所穿衣物质量，即可获取婴儿体重数值。

2. 身长（身高）

3 岁以内儿童测量身长时，脱去帽、鞋、袜，松开发辫，穿单衣仰卧于测量床的底板中线上。由助手协助固定头顶接触测量床顶板，面部向上，测量者位于儿童右侧，左手握住儿童双膝，右手移动足板使其接触儿童两侧足跟。如果刻度在测量床双侧，则应注意测量床两侧的读数应一致，一般读取到小数点后 1 位。

3 岁以上儿童测量身高时，要取立正姿势，脱去帽、鞋、袜，松开发辫，穿单衣站在测量仪上，头部保持正直，两眼直视正前方，胸部挺起，腹部稍微后收，头枕部、双肩、臀部、脚跟在一条线上，两臂自然下垂于身体两侧，手指和脚跟并拢，两脚分开约 60°。测量时，使顶板与颅顶接触，同时观察被测者姿势是否正确，然后读刻度，以厘米（cm）为单位，有效数字取至小数点后 1 位。

3. 坐高

3 岁以下儿童测量顶臀长，即坐高。儿童取卧位，脱去帽、裤，测量者左手抬起儿童下肢，使膝关节弯曲，同时使骶骨紧贴底板，大腿与底板垂直，移动底板，使其压紧臀部，读刻度，误差不超过 0.1 cm。3 岁以上儿童测量坐高时取坐位，脱去帽、裤，两大腿伸直面与躯干呈直角，即与地面平行，头枕部与肩部的位置在一条线上。

4. 胸围

3 岁以下取卧位，3 岁以上取立位，测量时被测儿童两手自然平放或下垂，两眼平视。测量者位于被测者前方或右方，用左手拇指将无弹性的软尺零点固定在被测者胸前乳头下缘，右手将软尺经右侧绕背部（以两肩胛下角下缘为准），经左侧回至零点，取平静呼吸气时的中间读数，误差不超过 0.1 cm。

5. 头围

被测儿童取坐位或立位，去掉帽子，解开发辫。测量者立于被测儿童前方或右方，以眉间点为起点（软尺零点），用无弹性的软尺从头部经右侧眉弓上缘过枕骨粗隆，再从左侧眉弓上缘回至零点，读出头围数字，误差不超过 0.1 cm。测量时软尺应紧贴皮肤，左右对称。所用软尺要标准，有 0.1 cm 的刻度值，测量前要检查软尺刻度是否正确，软尺测量数十次后须再次检查刻度是否因反复牵引或汗水浸湿而影响准确性。

6. 上臂围

被测儿童取立位、坐位或仰卧位，两手自然平放或下垂。取儿童左上臂自肩峰至鹰嘴连线的中点为测量点，以软尺过该点水平绕上臂 1 周，轻轻接触皮肤，进行测量，读数误差不超过 0.1 cm。

7. 皮脂（褶）厚度

皮脂（褶）厚度反映皮下脂肪的厚度，可据以推测全身脂肪的数量，评价人身组成的比例。常用于测量皮脂（褶）厚度的部位有：

（1）腹壁皮下脂肪：取平脐处锁骨中线部位的腹壁，测量时皮褶方向与躯干长轴平行。

（2）背部皮下脂肪：取左肩胛骨下角下稍偏外侧处，测量时皮褶自下向上内方向，与脊柱成45°角。

（3）上臂内侧皮下脂肪：取上臂肩峰与鹰嘴连线的中点，皮褶方向与上臂长轴平行。

不论在哪个部位测量皮下脂肪厚度，测量者都常用左手拇指及食指捏起测量部位的皮肤和皮下脂肪，两指距离为3 cm；右手提量具，量具的钳板大小应为0.6 cm × 1.5 cm。

五、体格生长评价

1. 体格生长评价的方法

儿童处于快速生长发育阶段，身体形态及各部分比例变化较大。充分了解儿童各阶段生长发育的规律、特点，正确评价儿童生长发育状况，能帮助我们及早发现问题，给予适当的指导与干预，促进儿童的健康生长。选择合适的评价标准是评价儿童个体和群体体格生长状况的必要前提。我国常用的体格生长评价方法有标准差法、中位数百分位法、曲线图法、身体指数法和骨龄评价法等。

（1）标准差法

标准差法又称均值离差法，即将个体儿童的体格测量数值与生长评价标准中的均值及标准差比较，根据实测数值在均值上下所处位置确定和评价儿童体格生长情况。标准差法适用于正态分布状况，是我国儿童保健门诊及基层保健人员最常用的体格生长评价方法。根据年龄、性别不同，固定分组，通过大量人群的横断面调查算出均值和标准差，均值加减1个标准差包含68.3%的总体，加减2个标准差包含95.4%的总体，而加减3个标准差范围已包含99.7%的总体，可按此制定出五等级评估表（见表3–2）。

表3–2　五等级评估

等级	标准差法	中位数百分位法
上	> 均值 +2SD	>P97
中上	均值 +（1SD~2SD）	P75~P97
中	均值 ±1SD	P25~P75
中下	均值 –（1SD~2SD）	P3~P25
下	< 均值 –2SD	<P3

由于儿童体重、身高等体格测量数值并不完全呈正态分布，因此在实际应用

中常以中位数代替均值。

（2）中位数百分位法

中位数百分位法适用于正态和非正态分布状况，这是近年来世界上常用的体格生长评价方法。中位数百分位法就是把某一组变量值按大小顺序排列起来，求出某个百分位的数值，然后将百分位数列表。以第 50 百分位（P50）为中位数，其余百分数为离散距，以此来划分儿童体格生长的等级。常分为第 3、10、25、50、75、90、97 百分位数。P3 代表第 3 百分位数值，P97 代表第 97 百分位数值，从 P3 到 P97 包括了全样本的 95%。当变量值不完全呈正态分布时，百分位法比标准差法能更准确地反映实际数值。P50 约与标准差法的均值相当，P3 相当于标准差法中的均值减 2 个标准差，P97 相当于标准差法中的均值加 2 个标准差，见表 3–2。本法的适用范围和优缺点与标准差法相似，只是数值分布更为细致，准确性更高。

（3）曲线图法

曲线图法是通过定期、连续对身长（身高）、体重和头围进行测量，将所得数值画成曲线图，以观察、分析其变化情况，或确定观察期限，记录身长（身高）和（或）体重值，画成曲线图进行评估。目前，国内外普遍应用的儿童生长发育图就是一种曲线图，将定期和系统测量所得的各项儿童的体格测量值画在相应的曲线图上，然后进行评估，不仅可以评价生长水平，还可看出生长趋势，并能算出生长速度。

（4）身体指数法

不同地区、不同年龄及性别的群体，体格生长中所存在的某些差别用单项指标很难反映，如果用某些相对值来突出这些差别，使不同对象间形成某种可比性，就能更清楚地进行比较分析，因此派生出身体指数法。此法是根据人体各部位间的比例关系，借助一定数学公式，将两项及两项以上指标结合成指数，以评价儿童营养、体型等状况。

（5）骨龄评价法

骨龄是指生长过程中的骨钙化成熟度。长骨生长主要由骺端软骨逐步骨化形成，骨化从胎儿期开始，随儿童年龄增长而增加，至成人期完成。通常采用 X 线检查儿童某部位骨化中心的多少及干骺端融合情况来测定骨龄。最常检查的部位是腕骨，多通过计数儿童手腕部骨化中心数目和骨骺愈合数目，与各年龄儿童的标准值进行比较得出。

2. 体格生长评价的内容

体格生长评价包括生长水平（横断面资料）、生长速度（纵向资料）和匀称度（身体各部比例关系）评价。

（1）生长水平

将某一年龄时点所获得的某单项体格生长测量值（如体重）与参照人群值比较，得到该儿童在同年龄、同性别人群中所处的位置，即为此儿童该项体格生长指标在此年龄的生长水平。所有的单项体格生长指标，如体重、身长（高）、头围、胸围、上臂围等均可进行生长水平评价。

（2）生长速度

对某一单项体格生长指标定期、连续测量，所获得的该项指标在一定时间内的增长值，即为该儿童此项体格生长指标的生长速度。以生长曲线表示生长速度最简单、直观。

（3）匀称度

1）身高别体重（W/H）。W/H 提供相对于目前身高的体重信息，间接反映身体的密度与充实度，其优点是不依赖于年龄，是判断 2 岁内儿童营养不良和超重肥胖最常用的指标之一。

2）年龄的体质指数（BMI/ 年龄）。BMI= 体重（kg）/ 身高（m）^{2}，表示一定身高的相应体重范围，间接反映体型和身材的匀称度。BMI 是另一种利用身高、体重评价营养的方法，与身体脂肪存在高度的相关性，对 ≥ 2 岁儿童超重、肥胖的判断优于身高别体重。儿童的 BMI 随年龄而变化，需要采用根据不同年龄及性别制定的 BMI 参照标准。

3）身材匀称与否。以坐高（顶臀长）与身长（高）的比值反映下肢发育状况，将实际测量值的计算结果与参照人群的结果比较，小于等于参照人群值即为匀称，否则为不匀称。

六、婴幼儿体格生长的影响因素

1. 遗传和性别因素

遗传指子代和亲代间在形态结构、身心发育、生理功能上的相似性。DNA 是遗传的物质基础。在胚胎发育过程中，受精卵中父母双方各种基因的不同组合，决定了子代个体发育的各种遗传性状，使子代可以显现亲代的形态、功能、性状和心理素质等特点，形成每个个体各自的生长发育潜力。身高、体重、性成熟早晚、性格等与家族遗传有关。个体的外貌特征（如肤色、发色、眼色等）、体型、月经初潮年龄、生长发育水平等与种族遗传有关。

男、女孩生长发育各有其规律与特点，男孩青春期开始较晚，但持续时间较长，故最终体格发育明显超越女孩。评估或评价发育水平时应分别按男、女各自标准进行。

2. 孕母情况

胎儿在宫内的发育受孕母的生活环境、营养、情绪和疾病等各种因素影响。妊娠早期的病毒性感染（如风疹、带状疱疹等）可导致胎儿先天畸形；孕母严重营养不良可引起流产、早产、胎儿体格生长以及脑的发育迟缓；孕母受到某些药物、放射线辐射、环境毒物和精神创伤等影响时，可导致胎儿发育受阻。

3. 营养状况

充足和合理的营养是儿童生长发育的物质基础，是保证儿童健康成长的重要因素，年龄越小受营养因素影响越大。充足的营养可使生长潜力得到最好的发挥，宫内营养不足不仅影响体格生长，还严重影响脑的发育和以后的学习能力。出生后营养不良，可影响体格生长，同时使身体的免疫、内分泌和神经调节功能低下，影响智力、心理和社会适应能力的发展。但是，摄入过多热量导致肥胖也会对生长发育造成不良影响，影响心肺功能，并使得成人期发生高血脂、糖尿病、冠心病的概率上升。

一些营养素缺乏也会对儿童的生长发育造成危害。铁缺乏的儿童会导致缺铁性贫血，呼吸道容易感染，免疫力低下，影响生长发育；锌缺乏的儿童会出现食欲不振、口腔溃疡、腹泻等症状；维生素 A 缺乏容易造成视力发育受影响，皮肤干燥、脱屑，上皮角化增生，汗液减少，毛发失去光泽，指（趾）甲变脆，更重要的是会导致免疫功能低下，进而导致呼吸道反复感染；维生素 D 缺乏会导致钙磷代谢障碍，出现维生素 D 缺乏性佝偻病，出现 O 形腿、X 形腿等体态畸形，夜惊夜啼引起睡眠不足、发育迟缓。

4. 生活环境

生活环境包括居住的地方阳光是否充足，空气是否新鲜，有无清洁的水源，有无噪声污染，住房是拥挤还是宽敞。除了物理环境，还包括家庭的经济、社会、文化状况等。富裕家庭的孩子身体发育状况好于贫困家庭的孩子。然而，并非家庭收入越高，儿童的生长发育状况越好。在国内，富裕家庭的孩子出现超重、肥胖现象较多。由于父母忙于工作，无暇关心孩子的成长，子女情感淡漠、抑郁、焦虑、敌对，人际关系紧张等发生率较高。另外，父母受教育程度高，对促进儿童语言发展、性格形成、身心健康有积极作用。

5. 疾病及药物

疾病对儿童生长发育影响明显，急性疾病致儿童体重减轻，慢性疾病影响身高和体重的增长。部分药物也会对生长发育造成影响：长期大量使用链霉素、庆大霉素会引起肾脏损害、听力下降，长期应用肾上腺皮质激素可使身高增长速度减慢，在生长关键时期对成长造成永久性的影响。

6. 生活制度

科学安排婴幼儿的生活制度，保证足够的室外活动、适当的学习、丰富的营养和充足的睡眠，能促进其生长发育。

七、促进婴幼儿体格发育的方法

婴幼儿体格发育和营养、遗传、环境等因素密不可分，遗传在婴幼儿体格发育上占到了非常重要的作用，但是，后天的环境同样非常重要，应从各个时期做好各个方面来促进婴幼儿体格发育。从胎儿时期就要做好保健，为生长发育打下基础。孕期母亲应注意营养均衡，合理安排活动与休息，避免感染、吸烟、酗酒、毒品等，定期做围产保健，以保证婴儿以最好的状态来到这个世界上。出生后，可以从以下几个方面促进婴幼儿体格发育。

1. 营养均衡

首先，强调婴儿期进行母乳喂养。世界卫生组织建议6个月内纯母乳喂养，如有条件，建议母乳喂养持续到2岁。人乳所含酪蛋白含磷少，凝块小；所含白蛋白为乳清蛋白，营养丰富；乙型乳糖含量丰富，利于脑发育，利于双歧杆菌、乳酸杆菌生长；含不饱和脂肪酸较多，初乳中更高，对脑发育有较好的促进作用；钙磷比例适当（2∶1），含乳糖多，钙吸收好。哺乳期母亲应均衡摄入肉类、蛋、奶、菜等食物，以保证婴儿摄入足够的营养。但是，人乳中维生素D含量较低，母乳喂养的婴儿应补充维生素D，多进行室外活动，促进皮肤在光照下合成维生素D。人乳中维生素K含量亦较低，鼓励乳母合理膳食、多吃蔬菜水果以提高乳汁中维生素K的含量。婴儿逐渐添加辅食后，一定注意营养均衡。

（1）能量

发育期儿童若热能摄入不足，可导致体重快速下降，引起身高增长缓慢或停滞；若热能供给过多，可引起肥胖。应注意膳食热能摄入与机体能量消耗相平衡，避免膳食热能供给的大幅度波动。

（2）蛋白质

发育期儿童如果膳食中蛋白质的量不足或质量差，可导致生长发育迟滞，免疫功能低下，严重者出现消瘦、身矮、贫血、性发育落后、智力发育迟滞等。婴儿添加辅食后，可以引入肉类，不但能补充蛋白质，还可以补充铁预防贫血。我们发展中国家婴幼儿的食物常常是家庭制作的含水较多的传统食物，食物不仅单一且能量密度普遍偏低，如稀粥、羹汤、肉汤等。虽然婴幼儿自己有根据食物能量密度调节食物摄入量的能力，但婴幼儿的胃容量有限（每餐约 30 g/kg），难以增加进食量来弥补能量的不足。因此，婴幼儿食物的能量密度应较高，应每天摄入 500 mL 左右的牛奶、1 个鸡蛋、适量瘦肉和大豆及其制品。

（3）脂肪

必需脂肪酸对儿童身体发育、智力发展是必不可少的。以亚油酸为例，亚油酸是构成人体细胞膜的重要成分之一。研究证实，婴幼儿若缺乏必需脂肪酸，会出现成长发育迟缓及皮炎，表现为皮肤干燥、脱屑等不健康症状。由于必需脂肪酸与大脑发育关系密切，若亚油酸缺乏时间过长，会影响大脑正常发育，进而导致智力低下。

（4）碳水化合物

保证儿童每日摄入适量粮谷类，经常吃些粗粮和杂粮，并养成喜欢吃蔬菜水果的好习惯。

（5）维生素和矿物质

我国儿童容易缺乏的微量营养素主要有铁、锌、铜、锰、碘等。如膳食中摄取不足，一定注意额外补充。

此外，还要注意膳食搭配，营养合理。同时让婴幼儿养成良好的进餐习惯，即 3W1H 原则：家长和老师决定吃什么、在哪儿吃、什么时间吃和吃多长时间，孩子自己决定吃多少。

2. 充足的运动

在婴幼儿期，不限制运动的类型和时间。在婴儿期，可以给婴儿做被动操活动全身，如练习俯卧抬头、被动翻身、爬行、扶走、活动上下肢等。等孩子会自如行走后，鼓励孩子进行各种形式的运动，如踢球、攀爬、滑滑梯、蹦跳、摸高等。

运动能增强婴幼儿身体各器官系统的功能，使孩子体格健壮。运动能改善血液循环，使骨组织得到更多的营养，同时，运动对骨骼起着机械刺激作用，能促使骨骼生长加速，孩子身高也随之有所增长。运动能锻炼孩子四肢，增加肌肉力量。运动还能促进心肺功能，使新陈代谢加强、心肌发达、收缩力加强。孩子在锻炼过程中，肌肉活动需要消耗大量的氧气和排出更多的二氧化碳，于是呼吸器官需要加倍工作，久而久之，肺活量提高，对防止呼吸道常见病有良好的作用。另外，运动可使孩子胃肠蠕动增加，胃肠消化能力增强，食欲增加，营养吸收完全，使孩子发育更好。厌食、拒食的孩子更需要运动。锻炼时，机体各部的协调运动都是在神经系统的控制和调节下进行的，因此，在进行机体锻炼的同时，神经系统本身也经受锻炼和提高。孩子多进行室外运动，接受日光、空气和水的沐浴，能逐步接受外界环境变化的刺激，皮肤和呼吸道的黏膜不断受到锻炼，增强了其耐受力，大脑皮层也对冷和热的刺激逐渐形成条件反射。当自然因素发生变化时，孩子就能迅速而准确地进行反应，使身体跟外界环境保持平衡，这样就不容易生病。

3. 良好的生活环境

居住的地方阳光充足，空气新鲜，水源清洁，无噪声污染，住房宽敞。养成健康的生活方式，给婴幼儿科学的护理，注意卫生，房间通风。给予婴幼儿正确的教养，使其养成良好的性格和行为方式。和谐的家庭气氛也是非常重要的，简单粗暴的教育方式往往使家庭气氛压抑，影响婴幼儿的体格发育。

4. 预防疾病

锻炼身体，增强体质。做好环境和个人卫生，避免病从口入。天气变化时，及时增减衣物。传染病流行季节不到人多密集、空气不流通的场所，出门做好防护工作。

5. 合理用药

一旦婴幼儿生病，不要因为惧怕药物的副作用而拖延用药，以免延误病情。一定到正规医院就诊并合理用药，避免应用一些对婴幼儿危害大的药物。同时，在给婴幼儿服用药物时，要避免用药过量造成意外。有些家长遇见孩子发热时急于退热，擅自加大退热药物、消炎药物的剂量，过频服用退热药物或者使用激素类药物等，这些做法都是不正确的。另外，要遵医嘱给予抗生素，避免抗生素的过度滥用。

6. 生活制度合理

规律生活，养成规律作息的习惯，合理安排进食、运动、休息等，避免熬夜等不良习惯。因为 1 岁以上儿童生长激素的分泌是脉冲式的，并不是 24 h 匀速分泌的。生长激素一般于睡眠后 1 h 左右，即孩子处于深睡眠时达到高峰，分泌量是一天总量的一半以上。倘若错过这个时间，就很难弥补回来。孩子睡得越迟，生长激素分泌就越少，个子也只会越矮。早上 5~7 点会有一个生长激素分泌的小高峰，应尽量让孩子处于睡眠中。

技能操作

幼儿体格发育评价

一、操作准备

了解幼儿体格发育评价的测量内容及评价方法。

二、操作程序

1. 精确计算幼儿年龄。
2. 精确掌握幼儿体格生长评价指标测量值。
3. 选择幼儿体格发育评价方法。
4. 评估幼儿体格发育状况。

三、注意事项

1. 做好体格发育评价内容及结果的登记。
2. 及时通知家长体格发育评价结果，体格发育偏离者建议及时就医。

【案例 3–4】

幼儿体格发育评价

今天是“六一”儿童节，幼儿园组织对小朋友们进行体检，中二班的小朋友在 4~5 岁，幼儿园园长安排保育员马老师进行体格发育的评价。马老师愉快地接受了这项任务。

1. 精确计算幼儿年龄

首先，马老师根据每个孩子的生日计算了孩子的实足年龄。计算方法为：把岁和天数均换算为月，以月龄为单位。月变日的计算方法为 1 月 =30 日，岁变月的计算方法为 1 岁 =12 个月。

2. 测量前的准备

接着，马老师校正了测量体重的电子体重计的零点，查看身高测量仪是否能正常使用，测量头围的软尺是不是无弹性软尺，以免影响读数的准确性。同时，她还查看了所用软尺是否有 0.1 cm 的刻度，以及刻度是否正确。

3. 准确测量

确认测量仪器均可正常使用后，马老师正确测量了每个孩子的身高、体重和头围，并记录到电脑上。由于中班的小朋友已经超过 3 岁，她让孩子测量体重时取站位，两手自然下垂，嘱咐孩子不能摇晃身体或者接触其他物体，待电子体重计的数据稳定后再读数，体重记录以千克（kg）为单位，有效数字取至小数点后 1 位。

同样，测量身高取立正姿势。让孩子在测量时脱去帽、鞋、袜，松开发辫，穿单衣站在测量仪上，头部保持正直，两眼直视正前方。测量时使顶板与颅顶接触，同时观察被测孩子的姿势是否正确，然后读刻度，以厘米（cm）为单位，有效数字也是取至小数点后 1 位。

测量头围时，孩子取坐位或立位，去掉帽子，解开发辫。马老师立于被测孩子前方或右方，测量时软尺紧贴皮肤，左右对称。读刻度，厘米（cm）为单位，误差不超过 0.1 cm。软尺测量数十次后，马老师再次检查了刻度，看是否因反复牵引或汗水浸湿而影响准确性。

4. 选择体格生长评价方法，评估幼儿体格发育状况

全班所有孩子测量完毕后，马老师选择标准差法分别评价孩子们的身高、体重、头围等体格生长情况，即 < 均值 –2SD 评价为下，均值 –（1SD~2SD）评价为中下，均值 ±1SD 评价为中等，均值 +（1SD~2SD）评价为中上，> 均值 +2SD 评价为上。所有孩子的测量及评价结果均登记在电脑上。

结果录入完毕后，马老师发现，3 个孩子身高评价为下，考虑身高偏矮明显；1 个孩子体重评价为上，考虑肥胖；还有 1 个孩子头围评价为下，而且这个孩子跟不上平时幼儿园的各项活动，需排除大脑发育方面的问题。于是，马老师将所有孩子的测量报告发给各自的家长，并着重通知了生长发育指标偏离过多的几个孩子的家长，建议到医院就诊排查疾病的可能。

案例点评：

日常工作中，保育员应掌握婴幼儿体格生长指标的测量和评价方法，有利于及早发现儿童生长发育过程中出现的偏离，比如矮小、低体重、肥胖等问题以及

由此引发的长远影响，进而及早干预，保证婴幼儿的身心健康。

本案例中，保育员马老师熟练掌握了测量儿童身高、体重、头围的方法，尽量减少测量的误差，并掌握了幼儿体格的评价方法，及时发现了三个孩子生长发育过程中出现的偏离，并负责任地将测量结果及评价结果告知每个孩子家长，对个别儿童提出指导建议。这些做法值得每一位保育员学习。

培训单元 2 体弱儿保健管理

学习目标

- 了解体弱儿的概念、成因及体弱的危害。
- 能对生活、活动中的体弱儿进行护理与指导。

知识要求

一、体弱儿的概念及成因

1. 体弱儿的概念

体弱儿是指由于先天不足或后天反复生病而使生长明显受到影响的儿童。一般来说，体弱儿是指患有下列疾病的婴幼儿：缺铁性贫血、维生素 D 缺性佝偻病、营养不良、反复呼吸道感染、哮喘、单纯性肥胖、先天性心脏病、癫痫病、精神发育迟滞、常见畸形、器质性疾病等。此外，还包括早产儿（出生胎龄 <37 周）、低出生体重儿（出生体重 <2.5 kg）、足月小样儿等。

体弱儿免疫力差，易生病，体育活动时耐力差，长此以往容易造成生长发育迟缓，影响认知和智力发育，甚至影响成年期的健康、工作和婚姻等方面。

2. 体弱儿的成因

造成儿童体弱的具体原因有以下几种情况：

（1）先天因素

早产儿出生时不满 37 周，低出生体重儿的出生体重不满 2.5 kg，足月小样儿是胎龄在 38 周到 42 周之间，但是出生体重小于 2.5 kg 的新生儿。这些孩子的器官功能和适应能力都低于足月儿，生存能力低，易发生感染。

（2）疾病因素

中 / 重度营养不良、肥胖、中 / 重度贫血、活动期佝偻病、先天性心脏病、反复呼吸道感染、支气管哮喘、器质性疾病等会影响机体的免疫状态，导致反复感染，影响生长发育。

（3）母亲文化程度

如果母亲文化程度高，往往会比较关注喂养、语言、运动、精细动作、社会交往等方面的科学育儿知识，并定期给孩子做儿童保健，有利于及早发现并干预生长发育中的偏离，进而促进儿童各方面健康成长。反之，如果母亲文化程度低，缺乏科学育儿知识，且不注重儿童保健工作，就可能会导致孩子体弱。

（4）孕产期保健

为了保障母亲和婴儿健康，提高人口出生素质，《中华人民共和国母婴保健法》专门强调了孕期保健服务，内容包括卫生、营养、心理咨询，定期产前检查，怀疑先天性或遗传性胎儿异常的产前诊断及高危孕妇和胎儿重点监护等。如果没有定期进行孕产期保健，甚至吸烟、酗酒、感染病毒等，就不能及时发现胎儿的异常，可能导致低出生体重、严重先天性心脏病等新生儿的出生，并导致体弱的形成。

（5）喂养方法

饮食不当是导致婴幼儿体重异常的重要原因。我国很多家长往往追求让孩子多吃，加上活动不足，易导致肥胖，影响心肺功能。在婴幼儿饮食安排上，很多人习惯以米面为主，肉类、蛋类较少，易导致营养不均衡。一些家庭过度溺爱孩子，没有良好的饮食习惯，孩子挑食、偏食，进而导致部分微量营养素的缺乏。如果缺锌，可引起厌食及抵抗力下降；如果缺铁，可引起缺铁性贫血；如果缺维生素 D，可引起佝偻病；如果缺维生素 A，可引起反复呼吸道感染，并且消化道黏膜抵抗力下降，严重时引起角膜软化、夜盲症等。

（6）家长对婴幼儿卫生的过度讲究

在家庭育儿态度方面，父母长辈对婴幼儿越来越珍视，对生活质量越来越讲究，尤其在孩子的卫生条件方面更是一丝不苟，仿佛只有让孩子生活在无菌玻璃罩里才能放心。

其实已经有很多研究表明，婴幼儿的抵抗力并不像家长想得那么脆弱，生活中存在的大多数细菌对他们的健康都不会有影响，反倒是家长的过度保护，会造成相反的后果。对此，瑞典儿科教授毕尔克斯汀曾表示，婴幼儿现在生活的环境太干净了，免疫力低下，易过敏，体弱正在逐渐成为一种富贵病。婴幼儿接触的细菌越少，免疫系统形成的速度就会越慢。

（7）家庭和托幼机构对婴幼儿安全的过度防范

婴幼儿每天的室外活动时间，一般要求在 1~2 h，其中包括早操（或间操）、室外体育活动、室外散步等。由于室外活动引发的婴幼儿意外伤害时有发生，而现在婴幼儿都被家庭视为掌上明珠，很多家庭存在过度保护婴幼儿的现象，因此为了避免孩子磕碰，一些家庭和托幼机构限制孩子的活动，导致孩子运动能力不足，影响孩子心肺功能、肌肉力量、身体灵活度等的发展。

二、体弱儿的特点

众所周知，体弱儿一般免疫力较差，容易患病，经常吃药或者输液，反而又降低了免疫力，使病情反复。另外，体弱儿由于身体活动能力较弱，所以室外运动量相对较少，影响婴幼儿体格生长。长期体弱会影响儿童身高、体重等的增长，甚至影响智力的发育，对儿童远期发展非常不利。

中医理论认为，肝主决断，如果婴幼儿时期体弱多病，就会伤害到肝脏，肝阳不足，就会有犹豫不决、胆小怕事的心理特点。同时，由于体弱儿往往会得到老师、家长的格外呵护与照顾，长期受到这样的特殊待遇，也很容易形成任性或者懦弱的性格特征，对其心理健康和成长极为不利。

三、体弱儿的日常护理

1. 体弱儿的运动指导

体弱儿由于身体素质比较差，导致活动能力受限，尤其是在活动的速度、强度方面，都与普通孩子存在着很大差距。为了保证婴幼儿活动的顺利进行，保护体弱儿的身体不受到伤害，在托幼机构的各种体力活动尤其是体育活动中，保育员要对体弱儿进行个别教育与护理。在进行体育活动时，注意锻炼与护理相结合，增强体弱儿的体质。体育锻炼时的护理是对体弱儿个别教育的重点。

首先，在体育锻炼中要遵循循序渐进的原则。活动量由小逐渐增大，要适当减少体弱儿每次活动的时间，增加休息的时间。

其次，整个体育活动过程中，保育员都要多关注班里的体弱儿。比如，活动时尽量把体弱儿安排在自己周围，以便给予体弱儿更多的关爱与照顾。再如，要及时帮助体弱儿擦汗、穿脱衣服，随时观察他们的活动负荷并灵活降低其活动的难度与密度等。

对于学习能力特别弱的体弱儿，保育员就要单独指导。例如学跳绳，将动作进行分解示范，指导体弱儿先独立完成一个动作，然后逐渐将单个动作连贯起来，其间，保育员应注意引导体弱儿掌握用绳、起跳、落地的方法和规律，先教会体弱儿单跳，再教双跳，最后连起来，在反复体验中总结规律，掌握技巧。在体弱儿取得进步或成功时，保育员要及时鼓励表扬，给予体弱儿心理上的支持，可以让体弱儿跳给其他小朋友看，以增强其自信心和表现欲。

体育活动结束后，保育员还要特别提醒体弱儿及时喝水，补充水分。同时，由于体育活动后体力消耗比较大，抵抗力容易降低，所以午睡时保育员要加强对体弱儿的巡视工作，做好特别照顾，如及时盖被、擦汗，起床时帮助体弱儿及时穿衣，避免其受凉而感冒等。为保证体力的有效恢复，可适当延长体弱儿的睡眠时间。

总之，保育员要让体弱儿喜欢运动，帮助其合理运动，这是保证体弱儿体质增强的重要条件。

2. 体弱儿的进餐指导

照顾好体弱儿进餐，是提高体弱儿身体素质的重要方面。体弱儿在进餐时与正常孩子有很大差距。他们经常表现出偏食、厌食且食量小，进餐慢，进餐时间长。因此，在保证体弱儿生活有规律、运动量适度、膳食合理的前提下，进餐时应重点照顾，讲究方法。

（1）保持愉快的心情

体弱儿在进餐时，往往会出现偏食、厌食的现象，遇到不爱吃的食物往往会情绪紧张。所以，给体弱儿营造一个宽松、自然的进餐环境很重要，可以让他们听听愉快的音乐和故事，以保持愉快的情绪。

（2）及时鼓励

保育员要纠正体弱儿的偏食、厌食，保证体弱儿营养素的均衡摄入。餐前可以进行进餐教育，鼓励体弱儿要吃完自己的一份饭菜，只有这样才能长高长壮；同时注意观察体弱儿的食欲，有的体弱儿胃口小，就用少盛多添的办法，使体弱儿能够很快吃完，并及时给予表扬和鼓励，让体弱儿体验成功，增强自信。

（3）提供模仿的机会

婴幼儿的模仿性很强，很容易受到周围人对食物态度的影响，可以让体弱儿与食欲好、食量大的小朋友或成人同桌进餐，使其受到气氛的感染，增加食量。从对他一口、一勺的鼓励帮助开始，慢慢提高他的进食量。对于挑食的体弱儿，保育员既要尊重体弱儿，了解原因，灵活提供相应的替代食物，又不能随意迁就，积极帮助他们改掉挑食的坏习惯。

（4）营造自我服务的进餐环境

在保证婴幼儿进餐安全的前提下，创设体弱儿自我服务的进餐环境。将饭菜放到体弱儿方便的位置，让孩子自己去盛，让他们有一种新鲜感，从而增加食欲，提高自我服务意识。

（5）了解身体对营养的需求

进餐时要向婴幼儿反复介绍食物的营养和味道，逐渐让他们懂得各种食物对身体的好处并产生好感，这样孩子会吃得特别香、特别高兴，有利于纠正挑食的不良习惯。

3. 根据病症按照医师的建议合理补充相关营养

（1）针对营养不良儿的膳食调理建议

调整膳食，提高总摄入量。循序渐进地增加摄入量，先添加质软、易消化的食物，如每天增加牛奶 100 g，适应后根据年龄不同添加牛肉、瘦猪肉、鸡肉、鱼虾、蛋类和豆制品等高蛋白的食物。进餐时，适量进行米面搭配，以添加花色面点为佳，如刀切小馒头、小花卷等，增加碳水化合物的摄入量，提高热能。

（2）针对缺铁性贫血婴幼儿的膳食调理建议

增加优质蛋白。在原有饮食基础上增加鸡蛋、鹌鹑蛋、牛肉、瘦猪肉、鸡肉、黄鳝等优质动物蛋白，以及豆腐、百叶等植物蛋白食品。红肉类含铁丰富，注意补充。维生素 C 对铁的吸收有促进作用，要多食富含维生素 C 的食物。因此，需多摄食深绿叶蔬菜和水果，同时，少食芹菜、蒜苗、韭菜等草酸含量高的蔬菜，以利于铁的吸收。

（3）针对反复呼吸道感染和患肺炎婴幼儿的膳食调理建议

发病期选用清淡少油、质软、易消化的食品，组合成营养丰富的流质和半流质食品，如牛奶、白萝卜汤、菜丝瘦肉粥、西红柿鸡蛋面等。同时让患儿多饮白开水，忌食油炸、干炒、辛辣等不易消化的食品。恢复期选用质软、易消化的食品，安排番茄炒双色蛋片、清蒸肉饼等，同时添加软溜鱼虾球、盐水鸡肝、小鸡丁、鹌鹑蛋等高蛋白的动物食品，以增强患儿体质，提高对呼吸道感染的抵抗力。

四、疾病的预防和监测护理

注意体弱儿的管理和教育，积极做好疾病的防治工作，加强环境及物品消毒并做好相关记录，有效预防和控制各种传染病的流行与发生。强化健康知识教育，如利用爱耳日（每年的 3 月 3 日）、爱鼻日（每年 4 月的第二个星期六）、爱眼日（每年的 6 月 6 日）等进行健康知识的宣传活动。要对体弱儿建立档案，跟踪记录，定期对体弱儿进行体格测量和评价工作。例如，记录好哪个体弱儿容易生什么病、生病的诱因、生病的频率、每学期的体质变化等，为下一步的护理提供依据。对正在吃药的体弱儿要多加注意，随时监测病情变化并做好记录，以防突发事件发生。

五、争取家长配合，合力改善体弱儿的现状

保育员要注意家园携手，同步共育。通过板报、卫生简报、家长会、亲子活动等多种形式向家长宣传照顾体弱儿的知识。定期联系体弱儿家长，宣传科学喂养和教育的知识。可以向家长介绍、推荐一些荤素搭配食物的制作方法，指导家长有针对性地调节体弱儿的饮食。例如，餐前食用开胃水果，再配以蔬菜、豆制品、粗粮等，以利于体弱儿消化吸收、促进新陈代谢。对于贫血的体弱儿，以补铁纠正贫血为主，可以把红肉、蛋黄等做成小动物、棒棒糖的形状以引起体弱儿的食欲。同时，保育员可以要求家长配合，加强对体弱儿的体育锻炼。

针对患有先天性疾病的体弱儿，保育员要向家长介绍或提供一些有针对性的补救措施。比如，蒙台梭利训练、感觉统合训练、认知功能训练等，都对体弱儿具有后天补救价值。

相关链接

呼吸道感染的防治方法

冬天早晚温差大，体弱的婴幼儿容易患呼吸道感染等疾病。平时食欲不振、出汗多的婴幼儿特别容易反复发病，轻者伤风感冒，重者高热引起肺炎，有的甚至会并发心肌炎、肾炎，还有可能诱发哮喘。引起上呼吸道感

染的原因一般是婴幼儿时期免疫功能调节紊乱，容易被病原微生物入侵，还与肺气虚弱、脾胃失调、微量元素失衡、非母乳喂养有关。患儿常伴有食欲不振、自汗盗汗、大便干结或稀的症状。在此介绍一些常见的呼吸道感染的防治方法。

1. 勤洗手，养成良好的卫生习惯。

2. 坚持每天用冷水洗脸，按摩鼻旁迎香穴、四白穴等，锻炼婴幼儿的耐寒力。

3. 每次餐后用温水漱口，冲洗口腔内残留的细菌。早晚刷牙。

4. 保持室内空气流通，每天至少通风半小时以上。

5. 传染病流行季节不到人多密集、空气不流通的公共场合，不与患病的人接触。

6. 注意保暖防寒，早晚适量添衣，但在白天活动时不要穿戴太多，以防出汗多而受凉。

7. 注意营养均衡，对食欲不振的患儿要注意脾胃调理，不吃零食，保证大便畅通。

8. 平时加强体格锻炼，多进行室外活动，呼吸新鲜空气，晒晒太阳，可选择登山或慢跑活动。

9. 呼吸道反复感染的患儿可去专科医院检查，如病原学检查、免疫力检查等，并针对病因合理治疗。要正确适量地使用抗生素和激素，避免抗生素和激素的滥用。

技能操作

体弱儿保健管理

一、操作程序

1. 进行健康观察

入园时询问体弱儿在家有无异常情况，观察精神状况、有无发热和皮肤异常；入园后每天观察并及时记录体弱儿的饮食、睡眠、大小便、情绪、健康等状况；

活动时要注意观察体弱儿的心率、出汗、面色，防止过度疲劳。对服药的孩子要观察服药后的情况。

2. 锻炼与护理相结合，利用体育活动增强体弱儿体质

保证每天有 2~3 h 的室外活动时间，间断分布在一日之中，做到动静交替。同时，注意活动量由小到大逐步增加。根据孩子个性特点和身体的承受度，在活动中适当照顾体弱儿，适当增减运动量，运动前根据天气情况增减衣物，运动后注意补充水分。利用自由活动时间，与体弱儿共同游戏，充分调动体弱儿活动的积极性，促进他们自动、自发地开展活动，以达到促进健康的目的。

3. 培养体弱儿良好的饮食行为习惯

根据婴幼儿的进食心理，创设良好的进食环境，培养良好的进食习惯。对食欲不好、挑食的孩子，应讲明吃饭菜的好处，鼓励他们细嚼慢咽，逐步养成不挑食的习惯。提供孩子喜欢的新鲜、松软、切得较细、营养丰富而便于消化、易于咀嚼的食物，以及色彩鲜艳、形象可爱的食物。对于孩子不喜欢的食品，不要强硬地命令他吃，要慢慢引导，可以先引导其看别人吃，然后引导其少量品尝，从而慢慢引起好感而喜欢吃。饭前避开一切不愉快的事，消除紧张和忧虑，使孩子保持良好的情绪。进餐中保育员语言亲切，态度和蔼，少盛多添，鼓励体弱儿愉快进食，逐步培养体弱儿良好的饮食习惯。

4. 加强体弱儿日常护理及教育，做好疾病的预防与监测

对体弱儿应加强护理，根据气候变化适当增减衣服，睡眠时应让孩子避开窗户，避免受凉。加强体格锻炼，在传染病流行季节少去公共场所，避免交叉感染，及时做好预防接种。发生呼吸道感染时，督促孩子按时服药并配合治疗。教导孩子勤洗手，不吃手，不舔玩具，加强食具消毒，提供营养丰富、便于消化、易于咀嚼的食物。对于贫血的体弱儿，应在原来饮食的基础上注意补充优质蛋白质和含铁丰富的食物，如猪肝、动物血、瘦肉等。

5. 家校结合，改善体弱儿现状

经常开展体弱儿健康管理知识培训，或者利用展板宣传相关知识，让家长在家庭教育中重视体弱儿的健康情况，纠正错误的保育方法，如过度保护、吃得太细、穿得太多、与大人一起熬夜等。

二、注意事项

1. 做好体弱儿专案登记管理

保育员应在保健医生的指导下动态观察体弱儿的生长发育情况，重点监测身

高、体重、血色素等重要指标，填写体弱儿管理登记表。及时总结，结案后转健康儿童系统管理。未治愈或合并其他疾病的，可转医院治疗，并继续追踪管理。

2. 做好体弱儿风险预测

根据儿童年龄按要求定期进行体格检查，以便尽早发现潜在危险因素，做好风险预测。中重度贫血、严重营养不良、先天性心脏病患儿，如有彩超或者胸片提示心脏扩大，儿童有颜面或指 / 趾端青紫、昏厥等情况，暂时不宜入园。

[案例 3–5]

体弱儿保健管理

1. 发现体弱儿并记录专案

周老师是一家幼儿园的保育员，在日常生活和活动中，周老师发现亮亮跟别的孩子不同。亮亮长得又瘦又小，经常生病，三天两头请假。在幼儿园期间，组织室外活动，比如学习跳舞或做操时，亮亮总是学得很慢，动作也不协调。吃饭时，亮亮的食欲也总是不好水平，挑食、偏食，而且吃饭要花很长时间。

经过与亮亮家长的沟通，周老师得知亮亮妈妈怀亮亮时属于高龄孕妇，亮亮是早产儿，出生时才 32 周，出生体重只有 2 kg。出生后，亮亮喂养困难，反复生病，身高和体重一直处于中下水平。了解这些情况后，周老师把亮亮纳入体弱儿专案管理，把亮亮的身高、体重、进餐及运动情况等均记录在册。

2. 体弱儿的运动管理

在室外活动时，周老师有意把亮亮安排在离自己近的地方，方便观察和照顾亮亮。在锻炼过程中，周老师按照循序渐进的原则，刚开始安排的运动量小，然后活动量逐渐增大，并注意适当减少亮亮每次活动的时间，增加休息的时间。每次别的小朋友活动 20 min，让亮亮活动 10 min 左右，而且休息的次数也比别的小朋友多一些。同时，在活动时，当周老师发现亮亮身上汗多了，就赶紧给他把汗擦干，摸着后背凉的时候给他及时加衣服。

在学习跳舞或者做操时，周老师也单独指导亮亮，把舞蹈或者体操的动作分解示范。先教会亮亮学习单个动作，再慢慢把单个动作连贯起来。每次发现亮亮学会一个新的动作时，周老师都会大声地表扬亮亮："哇，亮亮太棒了，又学会了一个新动作！"听到老师的表扬，亮亮的热情更高了，还自告奋勇要表演给其他小朋友看。体育活动结束后，周老师专门提醒亮亮喝水。

等到午睡时，周老师特意观察亮亮，加强巡视，发现亮亮踢被子就赶紧盖上，发现出汗时及时把汗擦干。由于体育活动比较累，周老师一般让亮亮的午休时间延长20 min才叫他起床。

3. 体弱儿的饮食管理

亮亮挑食、偏食，食欲不振。针对这些情况，周老师制定了专门的方案。首先，每次进餐前，周老师都会让亮亮进行一些他喜欢的活动，比如念绘本、讲故事、讲笑话等，并对亮亮说："身体喜欢吃饭，吃饱了才能打败细菌病毒这些坏蛋，然后亮亮就长得又高又壮，还能打败怪兽保护妈妈呢。"

等到吃饭时，周老师安排亮亮和其他两个食欲好的小朋友坐在一张桌子上，把饭菜放到离亮亮近的地方，告诉亮亮："青菜里有维生素，能让我们身体更健康。豆豆和肉能让我们的身体更有力量，变得像超人一样力大无比。"然后，让亮亮自己去选择吃什么。亮亮觉得自己好像变成了一个小大人，可以自己盛饭了，非常高兴。每次亮亮吃完一小份，周老师就鼓励亮亮："亮亮今天又有进步了，加油！再吃点可以得到小贴纸奖励哦。"听到这个，加上看到旁边两个小朋友吃得那么香，亮亮吃饭的劲头更足了。有时候，遇到亮亮不愿意吃的食物，周老师就用别的食物来替代。

另外，根据亮亮容易反复生病的特点，周老师给亮亮提供了不同的食物。亮亮生病的时候，周老师就给亮亮选用清淡少油、质软、易消化的食品，如牛奶、白萝卜汤、菜丝瘦肉粥、西红柿鸡蛋面等，同时让亮亮多饮水。等到恢复期的时候，给亮亮吃一些质软、易消化的食品，安排番茄炒双色蛋片、清蒸肉饼等，同时添加鱼虾球、鸡肝、小鸡丁、鹌鹑蛋等高蛋白的动物食品，以增强亮亮的体质，提高对呼吸道感染的抵抗力。

4. 体弱儿的日常护理

日常生活中，周老师让亮亮勤洗手，养成良好的卫生习惯。每次餐后用温水漱口，以冲洗口腔内残留的细菌，鼓励亮亮早晚刷牙。让亮亮多进行室外活动，适当给亮亮增减衣物，提醒亮亮的妈妈带亮亮去医院检查，发现亮亮的免疫功能低，就遵医嘱给亮亮口服调整免疫的药物。如果发现亮亮有精神不好、发热、咳嗽等症状，周老师在做好护理的同时会通知家长送至医院就诊。周老师还定期对亮亮进行体格发育评价。

5. 家校结合

工作间隙，周老师通过板报、卫生简报、亲子活动等多种形式向亮亮妈妈宣传照顾体弱儿方面的知识。定期联系亮亮的家长，指导喂养和教育，推荐一些食谱和点心的制作方法。还向亮亮家长推荐了一些早教课程，比如蒙台梭利训练、感觉统合训练、认知功能训练等课程。

案例点评：

周老师能及时发现体弱儿，建立体弱儿专案，根据体弱儿的特点进行运动、饮食和日常管理，与家长联系紧密，做到家园共育，可以很好地促进体弱儿的健康成长。

培训项目 3 行为观察与情绪管理

培训单元 1　问题行为的观察与矫正

培训重点

- 了解婴幼儿常见的问题行为。
- 能识别婴幼儿的问题行为。
- 能对婴幼儿的问题行为进行管理。

知识要求

一、问题行为的界定及产生原因

行为是孩子与外界沟通的一种方式。问题行为是儿童发展过程中出现的某些不符合社会规范、过于激烈甚至暴力的行为。它属于心理卫生保健工作预防及矫正的范畴。

1. 问题行为的界定

问题行为一般包括三层含义：

（1）问题行为对自己或他人产生不利影响。

（2）问题行为因不符合社会期望而不被人们所接受。

（3）问题行为或轻度或重度地偏离于同龄人的正常行为。

2. 问题行为产生的原因

在应用行为分析中，行为有四种功能：实物强化行为、注意力强化行为、逃避强化行为和自我刺激行为。

（1）实物强化行为

实物强化行为通常发生在所提的要求被拒绝时。为了避免哭闹而满足要求，问题行为就会被强化。如孩子要吃薯片，大人说“先洗脸，然后吃薯片”，孩子开始哭闹，并且行为慢慢升级。大人为了让孩子尽快安静下来，对孩子说：“你不哭，我就给你吃。”孩子停止哭闹，大人给孩子薯片，孩子因此学会了通过哭闹而得到薯片。

（2）注意力强化行为

注意力强化行为通常发生在大人忙于其他事情，一段时间没有关注孩子的情况下，注意力可以是正面的，也可以是负面的。如大人正在打电话，孩子拿着玩具连续地敲击桌面，大人把孩子手上的玩具拿走，告诉孩子玩具会坏掉，然后引导孩子做其他的事情。在这个过程中，孩子成功地获得了大人的注意力。

（3）逃避强化行为

逃避强化行为通常发生在大人给任务并且坚持让孩子执行该任务时。如大人让孩子滚球20次，孩子躺在地上不起来，大人拉孩子起来，坚持且辅助孩子执行。孩子开始哭闹，碍于各种原因，大人放弃要求孩子做滚球的任务，孩子因此学会了通过哭闹来逃避自己不想做的事情。

（4）自我刺激行为

自我刺激行为是指某一个行为在任何时间、任何地点，无论是否有旁人都会发生，并使孩子得到即时满足的强化。如孩子喜欢手腕、手臂震动的感觉，当他甩手时，这种感觉上的需求就会得到满足，所以孩子就可能会经常性地做甩手的动作。

在进行问题行为干预时一定要分析行为背后的原因，并针对原因制订干预计划。

二、婴幼儿常见的问题行为

1. 攻击性行为

攻击性行为是婴幼儿常见的一种问题行为。攻击性行为又称侵犯性行为，侵犯性是指身体上的进攻（打、踢、咬）、言语上的攻击（大声叫嚷、叫喊名字、贬低人），也可以是侵犯别人权利的行为（如用暴力抢走别人的东西）。如果从攻击别人的意图出发，则主要指那些企图损害他人或物的行为，其重要性是考虑侵犯的动机。心理学把攻击性行为定义为他人不愿意接受的、出于故意或攻击性目的的伤害行为，这种有意伤害包括直接的身体伤害（打人）、语言伤害（骂人、嘲笑人）和间接的、心理上的伤害（如背后说坏话、造谣诬蔑）。有伤害他人的意图但未造成后果的攻击性行为仍然属于攻击性行为，但孩子们在一起玩耍时无敌意的推拉动作则不属于攻击行为。

2. 社会退缩

社会退缩又叫社交敏感性障碍，指儿童对新环境或陌生人产生的恐惧、焦虑情绪和回避行为并达到异常程度。随着儿童心理行为研究的深入，人们把社会退缩行为视为多维度结构的现象，至少存在以下三种不同的退缩行为表现。

（1）抑制行为

抑制行为指儿童处于既害怕又希望接近同伴的冲突中，处于被动的地位，往往采取观望的态度。

（2）安静退缩

安静退缩指儿童内心并无冲突，他们主动地对物而非人有接触的意愿和兴趣，往往喜欢单独处于安静环境的行为。

（3）活跃退缩

活跃退缩指儿童在单独的情况下，自己进行身体活动类型的游戏，反映出他们内在具有冲动、活跃的特点。

3. 暴怒发作

当达成意愿的努力受到阻碍或是行为受到限制的时候，孩子会出现频繁不恰当的愤怒爆发，如哭闹喊叫、哭泣打滚，甚至用头撞墙等，这种短时间内没有办法通过劝说而终止的行为叫做暴怒发作，又叫发脾气。暴怒发作在幼儿期常见，没有明显的性别差异，该行为的发生与儿童气质和受教育环境有关，难养型气质儿童更易发脾气。儿童在成长过程中受到过度溺爱、有求必应，当不能满足其需求时就会发脾气，长期即形成习惯。

4. 吸吮手指

吸吮手指是指婴幼儿自主或不自主地吸吮拇指、食指等手指的行为。经常吸吮手指容易引起手指皮肤红肿、破损出血，影响儿童牙齿发育，严重的还会造成手指变形，留下疤痕。吸吮手指的原因比较多，从最初的生理反射性行为，到发展性的问题行为，与儿童的教育及教育环境不当也有关系。如儿童缺乏关心照顾、玩具少，不能很好地与外界环境建立联系，内心紧张、焦虑，会选择以吸吮手指的方式自娱。若不及时阻止，甚至还会强化。此行为问题可持续发展为固化的不良行为问题，特别是在有心理矛盾冲突与情绪问题出现时更容易发生。

5. 恋物

恋物行为的源头即安全感的缺失。轻度的恋物行为在一定程度上可以满足孩子的需要，也能帮助孩子稳定情绪、获得安全感和快乐，从而弥补父母的不足。这种依恋的替代同样也能使孩子产生自信、自控，从而拥有更好的情绪适应能力。要是父母对孩子的恋物行为不闻不问，听之任之，也会产生负面效果。重度的恋物行为会使孩子根本无法离开所恋之物，孩子心理的成长将遭受重大考验。更有甚者，到了青春期，随着生理发育的需要，其恋物行为会发展成为恋物癖。

6. 习惯性阴部摩擦

习惯性阴部摩擦（又叫擦腿综合征）指儿童反复用手或其他物体摩擦自己的外生殖器而引起兴奋的一种行为障碍。目前的病因不明，有人认为是外阴局部受刺激引起反复发作的习惯，也有人认为是因为存在性激素水平的紊乱。

婴儿一般表现为在家长的怀抱中两腿内收，交叉摩擦双腿；年长儿表现为两腿骑跨于床沿、凳角或其他有角的硬物体上，或趴在床上借助于这些物件来摩擦外生殖器，亦有将被子、枕头或衣物夹在两腿之间，双下肢伸直交叉夹紧，双手握拳或者抓住东西使劲。儿童在进行这些行为时，通常两颊泛红，表情紧张，两眼凝视，轻微出汗，甚至气喘，如果强行制止，会引起儿童的不满，过后儿童常表现为困倦、思睡。多在入睡前、醒后或玩耍时发作，可被分散注意力而终止。

三、问题行为的预防及矫正

问题行为的干预要在孩子情绪平稳或者行为强度尚低的时候开始，主要包括问题行为发生前的预防以及问题行为出现后的被动行为干预及正面积极干预。

1. 问题行为的预防

只要是在行为发生前所采用的任何策略都属于预防的范畴，既包括对行为前环境所做的调整，也包括了对行为导火索所做的调整。预防的目的是避免问题行为的发生，所谓的避免，并不是一味地退让，满足孩子的需求，而是通过退让、满足孩子的需求建立一个相对稳定的干预环境，从而有可能让孩子慢慢建立良好的行为。

预防的策略主要可以从以下几个方面考虑：

（1）移除引起孩子情绪不稳定的因素。

（2）移除导致行为发生的直接导火索。

（3）通过外力的帮助，提高孩子的应对能力。

2. 问题行为的矫正

（1）行为疗法

行为疗法是以行为学习理论为指导，按一定的治疗程序，消除或纠正不良行为的一种心理治疗方法。如阳性强化法，只要孩子没有出现目标问题行为，就给予奖励，随着强化连锁反应的建立，孩子的目标问题行为就会逐渐减少甚至消除。

（2）游戏疗法

游戏是婴幼儿最基本的活动方式，是学前教育中不可或缺的一部分，也是儿童最为喜欢、最能够接受的一种方式，是他们获得发展的最佳途径。利用游戏的方式来干预问题行为，孩子容易接受，如利用游戏疗法矫正儿童社交退缩行为是促进他们社会性发展的良好途径。

（3）家庭疗法

家庭是儿童心理成长与发展的重要环境，与其行为的产生、发展及变化存在密切关系，因此家庭疗法也是纠正婴幼儿不良行为的一种有效方式。家庭疗法是以家庭为单位进行心理干预的治疗方式，它通过改变家庭的组织、关系、角色等结构问题，促进家庭功能的改进。家庭疗法可以用于矫正婴幼儿多种行为问题，如暴怒发作、违拗等。

技能操作

吸吮手指问题行为的干预

一、操作准备

1. 了解婴幼儿问题行为的表现。

2. 准备充满爱的安全的环境。

二、操作程序

1. 观察并发现有吮吸手指行为的孩子。
2. 吮吸手指行为的观察与处理。
3. 吮吸手指行为管理后的观察与基本处理。
4. 接纳吮吸手指行为孩子的情绪。

三、注意事项

1. 尊重婴幼儿的情绪，不评判对错。
2. 不使用语言、行为、动作等刺激有吮吸手指行为孩子。

培训单元 2　关注婴幼儿心理需求

培训重点

- 了解婴幼儿的心理需求。
- 了解特殊生活环境下的婴幼儿心理发展与支持策略。

知识要求

一、婴幼儿心理需求的类别

心理需求是人类特有的一种需求。美国心理学家亨利·默里把人的需要分为两个层次：第一需要（生理的需要）和第二需要（心理的需要）。心理的需要最初来源于生理的需要，后逐渐独立。心理需求有很多层次，根据马斯洛需求层次理论，除了生理上的需要以外，安全上的需要、归属和爱的需要、尊重的需要、自我实现的需要都属于心理需求。在个体发展中，越高级的需求，出现的也会相对晚一些。

1. 生理上的需要

这是人类维持自身生存的最基本要求，包括饥、渴、衣、住、行等方面的要求。如果这些需要得不到满足，人类的生存就成了问题。在这个意义上，生理上的需要是推动人们行动的最强大的动力。

2. 安全上的需要

根据马斯洛的需求层次理论，当生理上的需要被大部分满足后，第二层次需求就会产生，个体对寻求环境的安全、稳定和保障越来越感兴趣，从而产生发展某种结构、秩序和限制的需要。心理的安全感指一种从恐惧和焦虑中脱离后产生的自信、安全和自由的感觉，即满足一个人现在和将来各种需要的感觉。

3. 归属和爱的需要

归属和爱的需要包括与他人建立起亲密的关系，或认同于某一团体，接受它的价值观和独特性。

4. 尊重的需要

尊重的需要包括来自别人的尊重和自我尊重。前者表现为别人重视自己，并相应地要求名誉、威信等，后者包括适应、胜任、信心等。

5. 自我实现的需要

这是最高层次的需求，指人们的追求实现自我的动力和潜能，并使之完善化。

二、婴幼儿不同心理需求的典型行为表现

1. 依恋亲属，害怕分离

任何人特别是作为弱者的婴幼儿都会有心理安全的需要。依恋的产生，正是婴幼儿试图依靠外界力量的帮助重新获得心理安全。这种心理需求的典型行为表现就是在母亲或者依赖的亲属离开时，婴幼儿会表现出不安和哭闹，也就是分离焦虑。

2. 出现不满情绪和问题行为

由于归属和爱的心理需求，儿童都希望得到父母或老师等的认可。在日常生活中我们会发现，如果父母或老师对别的小朋友表现出偏爱，儿童会立马出现不满情绪，感到不开心或是委屈，不喜欢父母或老师，甚至会故意不听父母或老师的话，做出一些不好的行为。

3. 自我表现，喜欢称赞

婴幼儿在成长过程中有一种强烈的尊重需要。大多数情况下，婴幼儿会用积

极的办法引起成人的关注，如主动招呼父母来看自己搭的积木、画的画等，他们迫切希望得到成人的关注、夸奖和表扬，从而获得自信和自尊。

三、不同家庭结构婴幼儿的心理需求与情感支持

1. 隔代教养家庭婴幼儿的心理需求与情感支持

通常情况下，祖辈家长具有较多的育儿经验，有充裕的时间和足够的耐心，再加上祖孙之间的血缘关系，隔代育儿能够获得成功。然而，由于祖辈家长受历史条件和自身年龄特点的局限，对新事物、新知识的接受能力和探索能力有所欠缺，这无疑会在实施家庭教育方面为孩子的心理安全带来一定的影响。

为此，应大力宣传正确的关爱方式，引导祖辈家长真正关注孩子的成长；开展多种亲子活动，改变家长教育理念和养育方式；关注隔代教育家庭，在这种家庭中植入爱和关注、民主、平等和开放等教育因素，让孩子获得心理安全感，促进其身心健康发展。

2. 单亲家庭婴幼儿的心理需求与情感支持

单亲家庭的孩子往往因为缺少父爱或母爱而导致心理失衡，出现孤独、忧虑、自卑、缺乏安全感、性别移位等。在家庭教育方面，单亲家长自己首先要调整好心态，消除不良情绪，尽可能多抽时间与孩子沟通交流，使孩子充分地感受到父/母的爱。单亲家长要支持孩子发展兴趣爱好，使孩子在兴趣爱好上建立自信心；鼓励孩子参加集体活动，发展友谊，摆脱孤独感和不适感，形成健康的人格。在托幼机构，保教人员要主动去信任、理解、尊重单亲家庭的孩子，以真诚的情感与他们进行交流，消除他们的恐惧心理和对立情绪；其次，要努力为单亲家庭孩子创造出一种平等、体谅的集体氛围，使单亲儿童感受到集体的温暖和应有的归属感。

3. 留守儿童的心理需求与情感支持

留守儿童因所处的环境较为特殊，在很大程度上缺乏父爱、母爱，故心理不完善，感情脆弱。留守儿童常见的心理健康问题有：自我意识不健全，容易出现自卑、攻击行为；消极情绪较多，表现为紧张性、焦虑感、神经敏感性较高；社会交往障碍，独立性差，不能积极参与集体活动等。针对留守儿童的心理支持主要是加强亲子沟通，为同伴交往创建有利条件，提高留守儿童社会性认知技能等。

技能操作

隔代教养家庭婴幼儿的心理需求及情感支持

一、操作准备

1. 了解隔代教养家庭孩子的心理需求及其行为表现。
2. 了解个案的家庭情况及家庭成员之间的情感关系。
3. 准备充满爱的安全的环境。

二、操作程序

1. 正确识别、及时关注隔代教养家庭孩子的行为表现。
2. 寻求隔代教养家庭孩子特殊行为表现的内在心理需求。
3. 对隔代教养家庭孩子提供相应的情感支持。
4. 对隔代教养家庭的成员进行针对性的情感疏导及教育理念培训。

三、注意事项

1. 正确认识隔代教养家庭孩子的特殊行为表现。
2. 正确分析隔代教养家庭孩子行为表现背后的内在心理需求。
3. 使用通俗易懂、容易接受的话语与孩子的隔代家属沟通。

培训单元 3　情绪表达和情感分享

培训重点

➔ 了解情绪表达和情感分享的特点。

➔ 了解情绪管理的策略。

知识要求

一、婴幼儿情绪表达和情感分享的特点

情绪和情感在婴幼儿早期发展阶段有着重要的作用，受先天气质类型影响，与婴幼儿认知和意志也密切相关。情绪是个体的生理或心理需要是否得到满足的心理体验和表现，是一种原始简单的感情，外部表现显著，其表现程度的个体差异由遗传和早期环境质量所决定。情绪表达是指用来表现情绪的各种方式，儿童情绪表达方式通常有使用姿态和移情，如要求抱、喜欢小动物等表现。

情感是人的内在体验，是人所特有的一种高级复杂的情绪，在情绪发展的基础上产生，与社会需要相联系，如羞耻感、同情感、道德感、理智感、友谊感、荣誉感、责任感、美感等。情感分享是指儿童在理解情绪原因和结果基础上对自我和他人产生合适情绪的反应能力。具体表现为了解自己的情绪状态和对他人情绪状态的识别，如对妈妈拒绝不当要求表露出不开心。

二、婴幼儿情绪和情感的不同表现

1. 婴幼儿情绪的表现

婴幼儿情绪的发展一般是“前快后慢”的特点，婴儿时约有 8~10 种基本情绪，如快乐、兴趣、惊奇、厌恶、痛苦、愤怒、惧怕、悲伤等。每种情绪有不同的内部体验和外部表现，各有不同的适应功能。

0~3 月龄的婴儿可表现痛苦、恐惧和最初的自发性微笑。这个时期的情绪反应主要与儿童的生理需要是否得到满足相关，逐步在哭泣和安静两种情绪状态分化为快乐、好奇、愤怒、厌恶等。

4~6 月龄的婴儿看人脸发出社会性微笑，逐渐从看人脸笑发展到见熟人笑。开始有愤怒和悲伤情绪，一旦生理上得不到满足，如饿了、尿布湿了等得不到及时的回应就会表达出他的愤怒。出现惧怕和悲伤情绪，如在睡觉或安静玩耍时突然感到恐惧大哭。初步出现好奇的情绪表现，尤其对运动发声的玩具引发好奇，会瞪着好奇的眼睛追视。厌恶的情绪在这个时期出现，开始对不喜欢的食物或味道表示出拒绝和厌恶的表情。

7~9 月龄的婴儿对新环境、陌生人的焦虑情绪更为强烈，害怕与亲近的人分

离，开始出现嫉妒情绪。

10~12 月龄的婴儿情绪已从基本情绪为重向基本情绪、社会情绪并重发展。依恋关系基本形成，随着语言能力的发展，对成人语言背后所表达的情绪理解力更强，会随成人的情绪做出相应的反应。

1 岁时见到新奇事物惊奇、恐惧感萌生，对成人的依恋达到一个高峰；1.5 岁左右的婴儿可表现不安、内疚、自豪、嫉妒等情绪，开始喜欢和爸爸玩耍，对时间、空间等秩序有一定的坚持性；2 岁左右能清楚地表达骄傲和同情；2~3 岁的儿童开始认识到情绪与愿望满足的关系，能说出自己或别人的感受，自我意识开始出现；3~4 岁儿童能用语言、动作等方式控制自己的情绪，如看到电视内容情节紧张时蒙住眼睛，或自我安慰缓解焦虑，改变行动躲避不愉快的情绪发生等；5~6 岁儿童可有意识地抑制不合要求的愿望或行动，有一定抗诱惑或延迟满足要求的能力，遇到挫折较少哭闹或发脾气，能理解与处理自己或他人的意愿和情绪，如可用较复杂的语言与成人协商达到改变成人的意见或要求的目的。

2. 婴幼儿情感的表现

7~9 月龄的婴儿能尝试从安全的角度评价事物或根据成人的情绪表现决定自己的行为；1 岁时羞耻心、同情感、责任感、妒忌开始萌芽；2 岁时道德感开始萌芽；3 岁时逐渐学会把自己或别人的行为与行为规则相比较，产生积极或消极的体验，理智感得到发展，表现为常常好奇、好问，喜欢收集、拆装玩具；5~6 岁儿童与集体活动的友谊感、荣誉感和责任感及审美感逐渐发展，对情感的控制力逐渐变强。

三、婴幼儿情绪管理

情绪管理是指个体运用一定策略和机制改变自己和他人情绪的过程，是使情绪在生理活动、主观体验、表情行为等方面根据需要隐藏、改变情绪反应和表情的能力。情绪管理主要体现在处理厌恶、痛苦与愉快的情绪和产生情绪的情景。

0~3 月龄的婴儿在满足生理需求下能保持较长时间的情绪愉悦状态；4~6 月龄的婴儿能意识到通过微笑或欢快的叫声吸引他人注意；7~9 月龄的婴儿自主性与好奇心增强，越来越喜欢对周围环境的探索，会主动向父母寻求安慰，遇到危险或害羞情景会紧闭双眼或捂脸逃避安慰；10~12 月龄的婴儿能自我调节情绪，如通过吸吮手指缓解紧张，抱熟悉的物品陪伴自己等。

1~2 岁婴儿能通过向陌生人微笑控制自己害怕情绪，用动作表达自己的情绪，如挥手表示再见、摆手表示拒绝等。自我意识增强，能安慰别人，在悲伤时能寻求父母的帮助，如与小朋友发生争执时向父母求援。

2 岁以后的婴儿社会情绪开始发展，开始关注他人的情绪，并对自己的情绪有更多的了解。进入第一反抗期，在 2 岁半左右时逐渐学会发泄不良情绪以及控制自己的情绪，当产生不良情绪时，可以通过他人转移注意力或自己转移注意力的方法调节情绪。

3~4 岁幼儿的情绪处于从主要满足生理需要向主要满足社会性需要的过渡阶段，在中大班时期，幼儿的社会性需求更加强烈，渴望被注意、被关注、被重视，要求与别人交往等。随着年龄的增长，幼儿对情绪的自我调控能力也越来越强，情绪的冲动型逐渐减少，情绪的稳定性逐渐提高，情绪和情感从外显到内隐，逐步运用建构性策略、回避策略和破坏策略三种策略调控自己情绪。

建构性策略：利用建设性的建议或采取积极的行为改变当时的冲突，如两个幼儿争抢玩具时，有人提出轮流或交换玩具消除情绪对立。

回避策略：当冲突不能有效解决，在新的建议下回避冲突寻求新的活动方式或选择新伙伴。

破坏策略：在冲突情景中，以破坏玩具或攻击伙伴回应情绪问题，意味着情绪调控失败。

情绪调控受父母对婴幼儿情绪的反应态度、同伴交往中处理问题过程协商、争执、妥协、服从等以及教师的行为策略等因素影响。

技能操作

幼儿冲突处理

一、操作准备

1. 了解冲突产生的原因。

2. 观察孩子的情绪反应。

二、操作程序

1. 让冲突中止

保育员第一时间达到冲突现场，态度冷静、平和，制止幼儿间的伤害性语言或攻击性动作发生。

2. 认可幼儿的情绪

保育员不急于评判和说教，关注孩子的情绪，让他们在认可、安全的环境中思考冲突的前因后果。

3. 了解发生冲突的原因

保育员蹲下让冲突双方分别讲述原因，发生了什么，为什么要这样做。

4. 让幼儿通过谈论提出解决方法

保育员分别让冲突双方说出各自的解决方案，这样做会有什么结果，通过讨论法进行移情训练，培养孩子解决问题的能力。

5. 支持双方一致同意的解决方案

保育员运用强化原则及时赞美鼓励妥协方，让双方正确认识交往规则，并学会正确语言表达交往意图，如："我们为明明的大方、为强强的友好协商鼓鼓掌。"

三、注意事项

1. 保育员应避免采取粗暴对待、忽略、单纯制止、权威仲裁等消极的处理方式。

2. 应以孩子为中心自行解决冲突，杜绝成人介入仲裁式解决方式。

职业模块 四

辅助教育活动与家长工作

培训项目 1 辅助室内教育活动

培训单元 参与组织游戏教学

学习目标

- 了解不同类型室内游戏活动的内容及指导要点。
- 能按照教育目标的要求，参与部分婴幼儿游戏的教学活动。

知识要求

一、游戏对婴幼儿的教育作用

1. 游戏能满足婴幼儿心理发展的需要

一方面，游戏是婴幼儿期主要的活动。游戏的趣味性可以给婴幼儿的生活带来巨大的快乐，寓教于游戏中也可以大大增进婴幼儿对学习的兴趣，提高学习的效率。

另一方面，婴幼儿好奇、好动、好模仿，游戏可以满足婴幼儿渴望参加成人的社会实践活动的需要。日常生活中，我们经常看到婴幼儿乐于参与成人的活动，但是由于知识经验贫乏、能力有限，还不能很好地控制自己，因此婴幼儿渴望独立参加社会实践活动这种新的需要与从事这种独立活动的经验、能力、水平之间产生了矛盾，而游戏正是解决这一矛盾最好的活动形式。在游戏中，婴幼儿可以通过假想和想象，把自己装扮成现实生活中的各种角色，进行各种活动来满足他们参加社会实践活动的强烈愿望，从而推动他们的心理向前发展。

2. 游戏能促进婴幼儿体、智、德、美全面发展

（1）游戏能促进婴幼儿身体的发展

在游戏过程中，婴幼儿身体的各个部位都处于积极的活动状态。虽然不同的游戏，活动量大小不同，身体活动的部位也不同，但各种游戏都能不同程度地促进婴幼儿身体和基本动作的发展。婴幼儿在游戏中总是欢乐的，他们的情绪处于积极的状态，这种轻松愉快的心情对婴幼儿身心健康发展也有积极的作用。

（2）游戏可以巩固和丰富婴幼儿的知识，促进其智力和语言的发展

在游戏中，婴幼儿要使用多种多样的玩具和材料，从而认识和掌握各种物体的性能和用途，了解事物之间的相互作用和因果关系，获得初步的自然科学知识。

游戏能够有力地促进婴幼儿语言和智力的发展。在游戏的全过程中，婴幼儿都要用语言来交流思想，商讨各种办法，这就促进了婴幼儿语言的发展。另外，婴幼儿还要根据游戏的情节，不断地考虑用什么玩具，怎样把简陋的材料想象成为某种工具和用具等，这样也发展了婴幼儿的思维能力和想象力，对发展婴幼儿智力十分有效。

（3）游戏能对婴幼儿进行思想品德教育，是培养优良品格的有效手段

在角色游戏中，婴幼儿通过扮演角色，可以学习各种角色的优良行为。比如婴幼儿要模仿妈妈、老师、医生等角色的劳动态度，包括言行、相互间的关系、待人接物的态度，体现他们的思想感情，并要根据角色行为来调节自己的行动，进而受到潜移默化的影响。一般来说，婴幼儿在游戏中的行为表现都要高于他们正常的行为水平。因为在游戏中，婴幼儿为了达到游戏目的就要约束自己，发扬勇于克服困难的优良品质，从而对促进婴幼儿意志行为的发展有重要作用。所以游戏可以缩短婴幼儿掌握道德行为准则的过程，有利于他们在现实生活中较快地掌握和形成良好的道德行为。

（4）游戏能促进婴幼儿审美能力的发展

游戏是一种创造性的反映活动。在游戏中，婴幼儿以角色反映着自然界和社会生活美好的事物，以及艺术作品中的美好形象，使用着艺术语言，从事着音乐和美的活动，这些都是培养婴幼儿美感的活动。同时，在游戏中婴幼儿还时常用语言、动作、歌舞等方式去表现美、创造美，并依据自己的意愿去美化游戏环境，这都有助于婴幼儿审美能力的发展。

综上所述，游戏能促进婴幼儿各方面的发展，它是教师对婴幼儿进行体、智、德、美全面发展教育的有力手段，保育员和教师要充分利用游戏对婴幼儿进行教育。

二、游戏的分类

托幼机构游戏种类繁多，各具特色。分类角度不同，就会有不同的游戏分类方式。在诸多的游戏分类方式中，最典型的分类主要有以下两种。

1. 依据游戏的教育作用分类

依据游戏的教育作用，将游戏分为两大类：

（1）创造性游戏

创造性游戏是婴幼儿创造性地反映现实生活的游戏，包括角色游戏、建构游戏、表演游戏等。

（2）有规则游戏

有规则游戏是教师利用游戏的形式为完成一定的任务而编制的用于作业教学的游戏，也可称为教学游戏。这类游戏通常按学科科目来区分其教学职能，如体育游戏、语言游戏、智力游戏、音乐游戏等。

此种游戏分类方式对我国托幼机构的游戏分类影响较大。

2. 根据游戏活动中婴幼儿是否主动参与分类

根据游戏活动中婴幼儿是否主动参与，可以将托幼机构游戏分为以下两大类。

（1）主动性游戏

主动性游戏中，婴幼儿除了需要智力活动外，还需要运用肢体、肌肉活动去进行游戏。他们可以自由控制游戏的速度，也可以按自己的意愿来决定游戏的形式，如绘画、手工、玩积木、角色游戏、玩沙、玩水等。根据不同的游戏方式，主动性游戏可以再分为四种：操作性游戏、建构性游戏、创造性游戏、想象性游戏。

（2）被动性游戏

被动性游戏属于比较静态的活动，婴幼儿只需观看、聆听或欣赏而不需要进行体力活动，如看书、看录像、听音乐等都属于静态接收信息的活动。

三、室内活动区域的规划

婴幼儿室内活动区域的规划内容一般包括空间利用、区域与材料安排、墙面与顶面的规划、走廊的规划等内容，具体要点如下。

1. 根据各类区域的教育功能与特点规划室内活动空间。例如，美工区、阅读区、科学区等应设在光线明亮、比较安静的位置，建构区场地要宽敞些，以便婴幼儿开展适宜的建构活动，如图 4–1 所示。

2. 将婴幼儿表现出来的探索兴趣、经验、作品作为环境规划的内容来源。

3. 动态与静态游戏区域应布局合理，尽量不要安排动态活动区域与静态活动区域相邻，以避免相互干扰。保育员要教育婴幼儿不可大声喧闹，遵守良好的教室活动秩序和游戏规则。

4. 根据班级人数的多少提供活动区域，通常 30 人左右的班级设 4~6 个区域为宜。

5. 可以把婴幼儿喜欢玩的游戏区域设置成为固定常设的区域，也可以根据课程、季节和婴幼儿兴趣的变化，不断地变换调整区域。

a）

b）

c）

d）

e）

图 4-1　婴幼儿室内活动区域的规划

a）阅读区　b）建构区　c）种植区　d）游戏区　e）美工区

四、游戏材料的投放要求

1. 安全

区域内投放的游戏材料要安全、卫生、无毒、无害，尤其是搜集的废旧材料，在投放使用之前一定要做好清洁消毒工作。

2. 适当

游戏材料的投放要符合婴幼儿的发展水平。例如，3~4 岁的幼儿手眼协调能力差，自我保护能力弱，美工区要给孩子提供圆头的安全剪刀，不要投放尖锐的物品或过于细小的珠子、亮片等；5~6 岁的幼儿有了一定的动手能力和自我保护能力，双手的协调能力也增强了，可以投放针线、牙签、削笔器等更丰富的工具，但要将正确的使用方法和安全注意事项教给孩子。

3. 方便

游戏所用玩具的放置要安全、合理，方便婴幼儿取用。比较重的盒子、积木等物品，放置的位置不能太高，以免婴幼儿取拿困难，或造成倒塌、倾斜的危险。在阅读、插塑等活动中，需要向婴幼儿提供足够数量的书籍和玩具，以避免出现婴幼儿相互抢夺或无所事事的现象。纸片、珠子、线绳等材料要独立分装在盒子或盘子里，以免造成使用时的混乱与麻烦。

五、几种游戏的指导重点

1. 角色游戏的指导重点

角色游戏是婴幼儿根据自己的兴趣和愿望，通过角色扮演来模仿和想象，创造性地表现其生活体验的一种游戏。角色游戏能够很好地促进婴幼儿社会性的发展。

（1）学会观察婴幼儿角色扮演水平的高低

婴幼儿角色意识水平处在不断的发展过程中，随着年龄的增长，其角色意识水平有以下几个阶段：

第一阶段，年龄比较小的婴儿不能意识到自己所扮演的角色，而是满足于摆弄物体和反复进行同样的动作。

第二阶段，幼儿开始意识到自己所扮演的角色，但是经常会转移注意力，不能始终按照角色的要求来行动。

第三阶段，幼儿角色意识明确，能够按照角色要求来行动，但还不能与其他角色进行有效的配合。

第四阶段，幼儿的角色意识明确且能够协调角色间的关系，有角色行为的配合互动，能达到共同游戏的需要和实现游戏的目的。

保育员首先要学会观察和了解婴幼儿角色意识的四个阶段，有针对性地进行指导，使婴幼儿的角色扮演水平不断提高。

（2）进行必要的游戏指导

1）游戏前的指导。首先，要丰富婴幼儿的生活经验，拓宽角色游戏的内容来源。其次，还要为婴幼儿设置固定的游戏场所和设备，提供丰富多样的游戏材料，保证充足的游戏时间，促进游戏深入开展。婴幼儿的角色游戏所需时间一般较长，每次不能少于 30 min。只有在较长的时间里，婴幼儿才能有寻找游戏伙伴、商量主题和情节、分配角色及准备材料等的机会。否则，游戏时间太短，游戏情节难以充分展开，势必影响游戏的结果。这既会影响婴幼儿继续开展角色游戏的兴趣，也不能使角色游戏达到它应有的教育效果。

2）游戏过程中的指导。保育员要随时观察游戏情况，鼓励和协助婴幼儿按照自己的意愿提出游戏的主题，指导他们选择和分配角色，指导他们丰富游戏内容和情节以提高游戏水平，并在游戏出现困难时及时给予必要的帮助。

2. 建构游戏的指导重点

建构游戏，也叫结构游戏，是利用各种结构材料或玩具进行建构的活动。结构游戏通过婴幼儿利用各种不同结构材料动手造型的活动，构造物体或建筑物，实现对周围现实生活的反映。

结构游戏的作用主要是通过婴幼儿建造各种物体或建筑物，促进其思维发展和动手操作的能力。在使用各种材料的过程中，婴幼儿可直接了解各种物质的性能，认识各种材料的形状、数量、方位等相关的知识。如通过积木结构游戏，婴幼儿可以自然地获得分解与合成各种形体的经验，并在使用材料中获得数量、高度、长度、上下、左右、宽窄、厚薄、对称等概念，取得组合、堆积、排列各种形体的经验。

结构游戏的指导主要从以下几个方面进行：

（1）丰富和加深婴幼儿对物体和建筑物的印象

保育员和教师在日常活动中要积极培养婴幼儿仔细观察周围事物的习惯。要引导婴幼儿注意观察周围生活中的多种物品，感知物品各部位的名称、形状、结构、组合关系与色泽特点。要引导婴幼儿抓住物体的主要特征，还要使婴幼儿能区分同类物体的明显甚至是细微的区别，如楼房是有层次的，房顶有尖的和平的，桥梁是由桥面和桥墩组成的等。在此基础上引导婴幼儿根据需要选择合适的材料，创造性地表现自己对事物的认识。

此外，还应该通过参观、散步、看模型教具等，让婴幼儿经常直接观察实物，或利用图书、画报、照片、幻灯、电影、电视的介绍间接观察物体。同时，还应该经常用谈话、绘画等方式巩固婴幼儿对各种劳动、建筑物和物体的印象。总之，婴幼儿脑海中积累的感性物象越多，他们构造时的表现力、创造性也就越强。

（2）引导婴幼儿掌握结构造型的基本技能，培养结构造型的能力

结构造型的基本技能主要有以下几个方面：

1）识别与使用材料的技能。引导婴幼儿认识结构玩具，识别结构元件的形状、颜色、大小等特征，会选用结构元件去构造物体，会灵活使用材料。

2）结构操作技能。引导婴幼儿学会积木的排列组合（平铺、延长、对称、加宽、加长、加高、围合、盖顶、搭台阶等），积塑的插接、镶嵌（整体连接、交叉连接、端点连接、围合连接等），以及穿套编织、黏合造型等技能。这是构造物体的基础。

3）初步的设计构思技能。引导婴幼儿形成整体构思构造计划，使他们能有目的、有计划、有步骤地进行构造活动。在构造实践中能根据需要修改、补充，以取得结构的成功。

4）初步的结构分析技能。使婴幼儿学会看平面图纸，能把平面结构变为立体结构，会评议结构物。

5）集体构造的技能。引导婴幼儿在集体构造中学会分工和合作，共同完成任务。

以上各项技能，对不同年龄婴幼儿的要求是不一样的，而且同一年龄的不同婴幼儿，动手操作的兴趣和能力也不尽相同。一般来说，2~3 岁的婴儿，只需引导他们在实践操作中学会认识和使用各种材料，掌握结构操作的基本技能就可以了；4~5 岁时，可适当引导设计构思技能；结构分析和集体构造活动则要到 5~6 岁时适当开展。这些活动可以有效地促进婴幼儿动手能力、想象能力和抽象思维能力的发展。但由于婴幼儿期的抽象思维能力还只是处于萌芽阶段，这些技能操作的难度不能太高，也不能用词太抽象，只要孩子尝试理解并获得现实的感受就可以了。

（3）针对不同年龄的特点具体指导

2~3 岁的婴儿对结构游戏感兴趣，常常把结构材料堆起垒高，然后推倒，不断

重复，从中得到快乐和满足。他们没有明确目的地摆弄结构材料，只有当有人问他搭的是什么时，他才会注意到自己的结构物并思考“这是什么”的问题，然后根据自己的想象对结构物加以命名。因此，小班应侧重指导小朋友认识结构材料，学习初步的结构技能，稳定结构主题并建立结构游戏的规则，学会整理和保管玩具材料的最简单方法，养成爱护玩具材料的好习惯。

4~5 岁的幼儿不但对动作过程感兴趣，同时也关心结构的成果，目的比较明确，主题比较鲜明。因此应在幼儿进一步掌握结构技能的同时，鼓励他们大胆想象，共同构造，并能相互评议结构成果，如图 4–2 所示。

a）

b）

图 4–2　结构游戏指导

5~6 岁的幼儿已有了较强的结构技能，目的明确、计划性较强，能围绕一个主题进行长时间的结构活动，合作意识增强，所以要侧重引导他们开展人数多、持续时间长的大型结构游戏。

（4）注意培养婴幼儿有秩序地游戏的习惯

在结构游戏中，保育员要随时观察，注意培养婴幼儿不乱扔游戏材料、安静游戏、不随便打扰别人的习惯。结构游戏结束后要指导婴幼儿学会整理游戏材料，并按顺序摆放在相应的位置，便于下次游戏时取用。

3. 表演游戏的指导重点

表演游戏是婴幼儿根据文艺作品中的情节、内容和角色，通过语言、表情和动作进行表现的一种游戏，是婴幼儿喜爱的游戏之一。表演游戏融想象、创造于一体，对婴幼儿创造能力的培养与发展起着不可低估的作用。表演游戏还能锻炼婴幼儿的人际交往能力，促进婴幼儿集体观念的发展和良好个性品质的形成。

（1）内容选择

凡是婴幼儿熟悉并喜欢的故事、童话、诗歌等儿童文学作品及周围生活中有趣味、有意义的人和事都是婴幼儿表演的基本素材。在年龄比较小的婴儿阶段，应选择角色个性鲜明，情节简单，趣味性、动作性强，对话多次重复，语言朗朗上口等类型的儿童文学作品，如《拔萝卜》《狼和小羊》等。

（2）环境的创设、道具的制作及使用

为了让婴幼儿更容易进入角色，保育员要协助教师根据文学作品的内容创设表演环境及角色扮演的道具。比如，在准备“拔萝卜”表演游戏的过程中，画一幅巨大的萝卜图画作为背景，以帮助孩子们进行情景想象；再让孩子们戴上老爷爷、老奶奶、小姑娘、小狗、小老鼠的头饰或胸饰，表演游戏就会更加顺利地进行。

（3）表演过程指导

选择适合婴幼儿的文学作品，并帮助他们熟悉、理解作品，体验作品中的情境，以便更好地开展表演游戏。同时，也要鼓励和引导孩子们根据自己的理解，对文学作品中的故事情节和台词进行适当的改编或创编，充分发挥他们的想象力和创造力。

4. 智力游戏的指导重点

智力游戏是根据一定的智育任务设计的、以智力活动为基础的一种有规则的游戏。它以生动、新颖、有趣的游戏形式，使婴幼儿在轻松愉快的活动中完成增进知识、发展智力的任务，是帮助婴幼儿认识事物、巩固知识、发展智力的一种十分有效的手段。

（1）编选和设计合适的智力游戏

智力游戏的种类繁多，在编选时切忌拿来就用，一定要根据训练的目的选取或设计。同时，智力游戏的针对性很强，而适应面较窄，因而编选和设计智力游戏时，应充分考虑本班孩子的生活经验与接受能力，既要符合他们的智力发展水平，又要照顾到个体差异，使尽可能多的孩子都有适合的游戏可玩。

组织智力游戏的关键是控制好游戏的难度。游戏太容易了会让孩子们提不起兴趣，太难了又会令他们知难而退，难度适中的游戏对婴幼儿才最具挑战性，也最有价值。也就是说，智力游戏的难度最好控制在婴幼儿经过一定的努力就能够完成的程度，即“跳一跳就能够到的高度”。因为当婴幼儿克服困难完成一定的游戏任务时，其自信心会受到鼓舞，积极性也会更加高涨。所以，游戏设计一定要注意难度适中。

一般来说，一个好的智力游戏，要有明确的智力训练目的，玩法新颖有趣，规则简单易行，而且内容要先易后难，逐步加大难度，符合婴幼儿心理活动规律。

（2）教会婴幼儿正确地游戏，遵守游戏规则

每个智力游戏都有一定的游戏规则和玩法，婴幼儿必须通过学习才能掌握。保育员要用简洁明了的语言、形象生动的示范，将游戏的目的、要求、玩法及规则介绍给孩子。某些难度较大的游戏应当分阶段教学和练习。

同时，保育员要督促婴幼儿在游戏中遵守游戏规则，要求他们按既定的玩法和步骤去认真地完成任务，否则就会降低或失去智力游戏的价值。针对不同年龄段的婴幼儿，智力游戏的指导也有所不同。

对于小于 4 岁的婴幼儿，保育员要重点考虑的是选用什么样的玩具、教具及使用什么样的方式来激发孩子的游戏兴趣。在游戏过程中，保育员应用自己的兴趣影响他们，同时，在游戏过程中还需要不断提醒他们遵守规则。

对于 4~5 岁的幼儿，保育员在游戏中应当注意检查他们对游戏玩法的掌握与规则执行的情况。对遵守规则的孩子应给予鼓励，促使他们关心并努力争取好的游戏结果。

对于 5~6 岁的幼儿，由于他们开始对游戏难度大的智力游戏（如棋类）更感兴趣，也喜欢参加竞赛性质的智力游戏，所以，保育员一般只需用语言讲解游戏，要求他们能严格遵守游戏规则，独立地进行游戏，争取最好的游戏结果，并且能够对游戏结果进行简单评价。

技能操作

参与组织游戏活动

一、操作准备

了解游戏类型及注意事项。

二、操作程序

1. 游戏活动前环境、材料的准备

（1）根据游戏的性质，配合教师布置游戏场地。

（2）根据安全、合理、方便的原则，准备适量的游戏材料。

2. 游戏活动中配合工作

（1）协助教师讲解游戏规则，帮助孩子合理分配和使用玩具。

（2）根据各区域保育指导要点进行观察，发现孩子偏离游戏目的时进行适当提醒，及时排除观察到的安全隐患。

（3）向个别孩子重复示范游戏的玩法。

（4）帮助教师维持游戏纪律，当发现孩子有冒犯或干扰他人的行为时，保育员要及时制止。

3. 游戏活动后整理玩具、清理现场

（1）将游戏材料分类有序地放归原处，以便下次使用，如图 4–3 所示。

a）

b）

图4-3 游戏活动后整理玩具

（2）发现破损的游戏材料要分拣出来并安排修理，不能再用的要及时报损补充。

三、注意事项

1. 树立正确的角色意识，在干预游戏时要谨慎选择时机，尽量以游戏里某个角色的身份与口吻讲话，最大限度地保护婴幼儿游戏的自主性与独立性。

2. 尊重婴幼儿的思维特点，正确引导游戏的开展。

培训项目 2 辅助室外教育活动

培训单元 协助室外体育游戏教学指导

培训重点

- 掌握体育游戏类型及指导要点。
- 能协助教师组织婴幼儿进行室外体育游戏活动。

知识要求

一、托幼机构体育游戏类型及各年龄段体育游戏的特点

体育游戏是在游戏发展过程中派生出来的一个分支，根据一定的体育任务而设计，是以发展基本动作和技能为基础的有规则游戏，也称运动性游戏。

1. 体育游戏的类型

按游戏组织形式分类，可分为自由活动游戏和体育教学游戏。

按游戏有无情节分类，可分为主题游戏和无主题游戏。

按游戏活动的形式分类，可分为接力游戏、接拍游戏、争夺游戏、角力游戏、猜摸游戏。

2. 各年龄段体育游戏的特点

（1）托班体育游戏的特点

托班孩子的基本运动技巧有了新的发展，自由行走、跑、跳、攀登楼梯或上

滑梯等动作进一步发展，可以原地跳动、单脚站立、跨越障碍等，同时在动作的力量、速度、稳定性、灵活性和协调性方面也有很大进步，快速奔跑的平衡能力、双腿的交替能力及身体的平衡掌控能力在运动探索中逐步加强，处于基础动作阶段的初始期的前期。

此阶段的孩子，体力、自我控制能力、运动能力等各方面还在发展的初期，因此在此阶段的体育游戏，应以发展稳定性动作技能为主，配一些移动性动作技能，如开展站立、行走、攀登、跳跃、投掷、骑脚踏车、钻爬等游戏，让孩子无论是在静态平衡还是在动态平衡方面，都能得到充分的刺激，为之后 3~6 岁的体育游戏做好铺垫。

（2）小班体育游戏的特点

小班幼儿处于基础动作阶段的初始期，模仿能力较强，思维活动比较形象，对体育游戏中的角色、故事情节、活动过程比较感兴趣，但是这个年龄阶段的幼儿无论是身体的平衡性、协调性、力量还是对身体的控制能力都比较差，自我控制能力较差，很容易受到外界的干扰。

在这个阶段的体育游戏，应以稳定性动作技能为主、移动性动作技能为辅，适合开展动作比较简单、活动量较小、持续时间较短、情节少、游戏规则比较简单、不带有太多限制性的体育游戏，如呼啦圈游戏、比较有吸引力的器材游戏，通过游戏培养基本体能。

（3）中班体育游戏特点

中班幼儿无论是体力、运动能力、智力还是社会性方面，都有明显的进步，已到达基础动作阶段的基础期。在运动能力方面，速度、肌力与肌耐力、爆发力、敏捷性、协调性、柔软度与平衡都有显著进步，注意力也比较集中，自我控制能力也比小班时要进步许多，开始有集体意识。中班幼儿喜欢学习或接触新的器材或游戏，需要经常变化游戏的方式，以刺激他们的学习与注意力。

在这个阶段的体育游戏，应以移动性动动作技能为主、稳定性作技能为辅。可以增加一些规则较为复杂、增加游戏角色、具有一点难度和挑战性、活动性较大的体育游戏，同时增加一定的限制性。此外，由于幼儿社会性行为已经开始产生，因此在游戏中可以增加协作性、配合性、竞争性内容，开始变化或延伸多种不同的游戏。

（4）大班体育游戏的特点

大班幼儿已到达基础动作阶段的成熟期，无论是在体力、运动能力、智力还是社会性与理解能力，都到达一定的水平，且自我控制能力也比较强，对于速度、胜负结果已经开始有所追求。

在这个阶段的体育游戏，应以操作性动作为主。对幼儿在智力、体力、协作方面增加要求，最好是能够将这三项结合起来；角色与规则也可以更为复杂，内容活泼、有弹性、多变化，建议多增加合作性与思考性，适时地满足幼儿的挑战心与冒险心。如游戏分为2~4队竞争，有时拆散队伍，再竞争或比赛；用团体竞赛或分组比赛的方式，提升幼儿的参与感，提高团队凝聚力与活动高潮。

活动设计除了注重流程性与多变外，必须注重安全性及多数幼儿的接受度。

二、幼儿园体育游戏设计及指导原则

体育游戏具有竞争色彩，儿童可以通过努力不断达到更高的竞技水平，通过胜负的差异，体验成就感与荣誉感，在享受成功的愉悦的同时，不断增强和发展自信心，从而形成锐意进取的良好个性品质。除此之外，体育游戏还具有趣味的属性，是能使儿童身心全面发展的综合课程。因此，体育游戏有着独特的设计思路与组织方法。

1. 体育游戏必须贯彻灵巧性原则

体育游戏应设有发展儿童灵巧机能的内容和机制，这是针对儿童机体能力的发展需要提出来的。通过设有灵巧训练内容和制约机制的体育游戏，可以提高儿童的神经系统对肌肉的调节能力及其对精细动作的控制能力，使儿童各项基本动作的发展逐步朝着准确、协调、熟练的方向转化，从而形成正确、合理的动力定型。

2. 体育游戏必须体现智慧性原则

体育游戏过程要能够让儿童有机会闪现出智慧的亮点。体育游戏也只有在体现出较多的智慧性时，才有可能显示出较多的趣味性。而“好玩”则是促使儿童积极参与体育游戏的一个重要的内在驱动力。

为了更好地体现智慧性原则，在设计体育游戏的过程中，应该在规则允许的范围内尽可能多地留有完成游戏的多种方法的选择余地，这样就能不断地拓展儿童的想象空间和创造空间，提高他们的智力水平。

3. 体育游戏必须强调安全性原则

安全第一是对学前教育工作中各项具体活动的普遍要求，在体育游戏的设计、组织过程中更应强化安全第一的观念。为确保安全，必须在所有游戏道具的使用和装备上考虑周全，使之在任何条件下都安全无虞。例如，整个游戏空间、场所、环境没有任何尖锐的棱角和坚硬的器具，游戏应在有草坪、木地板或地毯覆盖的平面上进行；应采用质地轻柔、棱角圆滑的木材、塑料、橡胶、泡沫、海绵等制作的器材作为游戏的道具；游戏材料的立体高度不能太高，坡度不能太陡。

技能操作

参与组织体育教学游戏

一、操作准备

了解体育游戏的目标内容及注意事项。

二、操作程序

1. 集合站队

组织孩子们分组排成游戏所需要的队形，如图 4-4 所示。

a）

b）

图 4-4　队形排列

2. 热身运动与伸展

尽量按照由慢到快、由上到下、由整体到局部、由弱到强的顺序，开展关节活动、模仿操、热身操等，如图 4–5 所示。

a）

b）

图 4–5 热身运动

3. 示范与讲解

示范要标准，讲解要正确。语言要简练、生动，吸引孩子们的注意力。示范动作时，要抓住动作要领，缓慢、清晰地展示。如示范从高处（20~30 cm）往下跳时，落地时应前脚掌先着地，双手后摆，屈膝保持平衡。

4. 分组练习与指导

把握适当的活动量，提醒孩子们遵循游戏规则，注意身体姿势和动作的正确性，注意安全。

（1）活动设计与动作搭配科学合理，避免活动内容单一造成婴幼儿身体局部负荷过大。如走、跑、跳等下肢运动过多时，应适当安排上肢运动练习；安排了爬的动作后就不要过多安排钻的动作，避免孩子长时间处于蜷缩状态，可适当安排跨跳、跳起触物的练习，让孩子身体得到舒展。

（2）活动时间、活动量、活动强度与密度合理搭配。活动量的安排遵循婴幼儿生理机能活动变化的规律和特点：从小到大、小步递进再由大到小。活动时间：小班 15~20 min，中班 20~25 min，大班 25~30 min。活动强度较大就密度相对小一些，强度较小时就密度相对大一些。

（3）关注婴幼儿个体差异。充分考虑婴幼儿的个体差异，对能力不同的婴幼儿提出不同的要求，并提供不同程度要求的活动条件，如宽窄不同的小路、高低不同的悬挂物。

（4）关注婴幼儿活动中的安全。注意观察孩子们的活动状况，提前发现可能存在的安全隐患，及时制止孩子进行不符合其身心发展特点的、有损健康的自发练习，如图 4–6 所示。

a）

b）

图 4–6 婴幼儿活动安全管理

（5）放松与整理。复习一些相对安静的游戏，做肌肉、关节放松、舒缓的韵律操，并进行简单的游戏评价。

三、注意事项

1. 注意动作和姿势的正确性。
2. 注意观察掌握活动量。
3. 严格遵守游戏规则，杜绝事故隐患。

培训项目 3 个别指导

培训单元 1 婴幼儿行为观察

培训重点

- 了解日常生活中观察婴幼儿的重要性。
- 能观察婴幼儿的行为。

知识要求

一、日常生活中观察婴幼儿的重要性

所有的婴幼儿都有学习和发展的潜能，在合适的教育条件下，这些潜能可以得到充分的开发，并最大限度地促进婴幼儿自身的发展。但是，目前我国托幼机构中普遍存在班额过大、教师集体教学为主等现象，因此，教师在日常教育教学工作中，很难有足够的精力照顾到那些情况特殊、有缺陷的婴幼儿。为了解决这一问题，保育员就要承担起观察特殊婴幼儿、照顾有缺陷婴幼儿的责任，尽可能地为他们提供个别发展的机会和条件，最大限度地促进其身心全面和谐地发展。

二、观察婴幼儿的方法

要教育婴幼儿，首先要学会观察婴幼儿。保育员只有学会观察婴幼儿，获得大量具体、真实的信息，才能够深入理解和全面评价婴幼儿的发展水平，并在此基础上协助教师制订、调整并实施教学计划，最终促进婴幼儿身心健康和谐地发展。下面介绍两种最常见的观察婴幼儿的方法。

1. 行为观察法

行为观察法是指有目的、有计划地观察婴幼儿的言语和行为，从而了解其心理活动的研究方法。行为观察法是研究婴幼儿发展的基本方法，一直被很多儿童心理学家所推崇和运用，如达尔文的《一个婴儿的传略》、陈鹤琴的《一个儿童发展的顺序》都是运用行为观察法进行研究的成果。皮亚杰也强调在自然环境下观察儿童的重要性，他强调要尽量在托幼机构、家庭等自然场景下进行观察才是真实的。保育员在对婴幼儿进行观察时应当注意以下几点。

（1）观察要有目的、有计划，深入问题的实质

“有目的”是指保育员在观察前首先要明确：自己要观察什么？怎样观察？通过观察解决什么样的问题？例如，对小班刚入园的瑞瑞的观察，目的是了解瑞瑞刚入园的适应状况。

“有计划”是指观察者在观察前要拟好观察提纲，计划要收集什么样的材料，计划整个观察的进程。以上面案例为例，可以先拟订如下观察提纲：第一，瑞瑞入园后哭闹的程度和时间的观察记录；第二，他的情绪、饮食、睡眠状况的观察记录；第三，他在学习、交往、游戏中积极性的观察记录等。观察过程一般可预定为一周，每天从他入园、活动、离园三个主要环节进行观察记录。

“深入问题的实质”是指在观察过程中要把握住重点，分清事物的主次，区分开主题与背景，抓住问题的本质特征，否则，不能揭示问题本质。例如，保育员对瑞瑞晨间入园的观察记录为：“瑞瑞走到教室门口，父母要离开时又哭闹着不肯上幼儿园。”这种记录就没有把握住问题的重点，因为大多数新生在入园时都因依恋情绪而哭闹，所以保育员还应记录下瑞瑞哭闹持续的时间、父母安慰后的情绪变化、父母走后的表现等细节，并以此来判断瑞瑞的适应状况是否正常。

（2）观察要在自然状态下进行，不能影响婴幼儿的常态表现

保育员在进行观察时，必须注意预防可能干扰婴幼儿常态表现的因素，最好不让婴幼儿觉察到自己正在被观察，以防虚假行为的发生。例如，保育员在观察时尽量不要让孩子知道自己正在记录他的表现；如果有特殊需要，可以采用单向透视屏进行观察，即老师在屏外能清晰地观察婴幼儿的全部活动，而婴幼儿却看不见外面的活动；有条件的也可以借助仪器记录观察，如摄像机、录音机等。这样，所收集到的材料一般就会比较真实、可信。

（3）观察、记录要全面客观，避免偶然性

保育员观察时要保持态度的客观，不要以自己对婴幼儿的喜好和结果的预先臆想来影响观察与判断，在评定婴幼儿行为时一定要防止主观性，做到客观、真实、全面。另外，婴幼儿心理活动不稳定，行为表现常常带有偶然性。因此，观察要多次反复进行，尽量避免偶然性带来的偏差。同时，记录要准确、详细，不仅要记录婴幼儿行为本身，而且要记录行为的前因后果和环境条件。为了使记录准确迅速，避免引起婴幼儿的紧张与好奇，保育员可以利用事先设计好的表格进行记录。

2. 作品观察法

婴幼儿的表征作品是他们心理活动的结果之一。从婴幼儿的表征作品（如绘画、拼图等）中，可以获得婴幼儿学习、发展情况的信息，从中分析评价婴幼儿的发展水平、兴趣取向、需要进一步研究的问题、需要提高的能力等，从而进一步对教育行为、教育方式进行调整，帮助婴幼儿获得更大的提高。

最常见的方法是，保育员通过观察和分析婴幼儿的美术作品，发现其心理存在的问题，进而以委婉的语言和恰当的评价方式，及时与他们沟通交流，引导他们发现并改变自己存在的问题。这样，孩子就不仅仅只能把内心的悲伤、焦虑等消极情绪以绘画的方式表现出来，而且能获得心理疏导与健康的教育。例如，一位保育员发现烁烁最近的美术作品很奇怪，画笔下的人物总是长着一颗大大的门牙，就仔细询问其原因，发现原来是烁烁正在烦恼他将要换掉的一颗牙齿：牙齿掉了不再长出新牙齿怎么办？牙齿不小心随食物吞进肚子里怎么办？保育员对烁烁详细讲解了换牙的知识和注意事项，使烁烁紧张的心情变得轻松愉快起来，开心的笑容代替了往日的愁眉不展，活泼的身影代替了往日的闷闷不乐，而这些改变都源自保育员对烁烁几幅绘画的观察与分析。

技能操作

婴幼儿行为观察

一、操作程序

1. 在学习活动中对婴幼儿的观察

（1）观察活动的秩序。运用适当的方式维持活动的秩序，发现存在不安全因素及不当行为时及时制止。

（2）观察孩子们的表现，注意坐姿、用眼、用手卫生习惯等。

（3）观察孩子们的情绪变化，对于中途需要小便、有特殊要求的孩子及时给予帮助，以免影响活动的正常进行。

2. 在游戏活动中对婴幼儿的观察

（1）观察活动的情况，并不断地给予鼓励和表扬，激发孩子们游戏和探究的兴趣。

（2）观察婴幼儿之间的交往，出现矛盾和冲突时要及时处理和引导。

3. 在室外活动中对婴幼儿的观察

（1）观察孩子们进行身体锻炼时的运动量，并做出适当且合理的调整。

（2）观察孩子们在运动中的反应，观察其面色、情绪、出汗量、呼吸特征、动作协调性等，以及身体锻炼时的出汗情况，及时提醒孩子们脱去外衣。在出汗过多的孩子背上垫上干毛巾，以免汗湿内衣。

（3）观察孩子们的活动状况，如是否有序活动、是否遵守活动规则、是否爱护运动器械等。

4. 在生活活动中对婴幼儿的观察

（1）观察孩子们情绪变化。情绪好坏是婴幼儿健康状况的重要标志之一。身体健康的孩子活泼好动、爱玩，对周围环境很感兴趣；生病的孩子则会表现出不爱动、没精神、烦躁不安或哭闹等情绪方面的异常。如果孩子的情绪有明显变化，如容易哭泣、爱发脾气、心绪不宁、表情痛苦、不能平静地游戏等，并长时间处于这种状态，难以转移和排解，则表明可能生病了。

（2）观察表情和神态。正常的孩子眼神灵活，精力旺盛；生病的孩子则会出现眼神发呆，好似凝视远方，同时伴有尖声啼哭等行为。正常的孩子面色红润，如果孩子面色比平时苍白或发红，则说明可能生病了。

（3）观察食欲。孩子食欲欠佳，饭量明显减少甚至拒绝进食，而且伴有恶心、呕吐等症状，则表明孩子可能生病了。

（4）观察大小便。孩子大小便过多或过少，小便颜色加深甚至出现腹泻，则表明孩子可能生病了。

（5）观察睡眠。平时入睡快、睡得安稳的孩子，如果忽然入睡困难、睡眠不安、睡眠中出现惊醒和哭闹等现象，则表明孩子可能生病了。

（6）观察身体的体征。当孩子出现鼻孔阻塞、用口呼吸或者流鼻涕、连续打喷嚏、扁桃体红肿、耳朵发红、额头和后颈发热等感冒症状时需要及时处理。

二、观察内容

1. 观察婴幼儿的角色

观察多少孩子在场，所处地位或身份是什么，不同孩子在群体中扮演什么角色，谁是负责者，谁是追随者。

2. 观察婴幼儿的表现

观察孩子的精神状态，不同场合或区域的行为表现，说了什么、做了什么，他的语调、神态、肢体动作以及行为发展过程。

3. 观察行为时间

观察孩子行为或相关事件从何时开始，持续多长时间，中间是否有中断。

4. 观察如何发生

观察孩子的行为或相关事件是在哪里发生的，如何发生的，发生的原因可能是什么。

三、注意事项

1. 科学观察

保育员应抓住晨、午、晚检和一日生活中各环节仔细观察，及时捕捉孩子可能生病的迹象。

2. 及时回应

发现问题及时按流程处理。

培训单元 2　对肥胖儿的个别指导

培训重点

- 了解肥胖儿形成的原因与肥胖的危害。
- 能在活动中照顾和指导肥胖儿。

知识要求

一、肥胖儿的概念及成因

近年来，随着人们生活水平的不断提高，肥胖儿也越来越多。一般认为，介于标准体重正负 10% 之间的为正常体重，超过标准体重 20% 的称为轻度肥胖，超过 30% 的称为中度肥胖，超过 50% 的称为重度肥胖。因此，如果婴幼儿体重超标 20% 以上就属于肥胖儿范畴了。造成婴幼儿肥胖的原因如下：

1. 遗传因素

科学研究证明，遗传在婴幼儿的生长发育中起着重要的作用，遗传因素不仅影响着骨骼系统的发育，而且控制着身体的能量消耗。因此，身材胖的父母，其子女胖的可能性也很大。

2. 营养失衡

婴幼儿肥胖的原因并不仅仅是因为食物摄入量增多，还和摄入食物的性质有关。一般而言，摄入高脂肪、高糖分的食物时，婴幼儿发胖的概率比较高。经常进食猪肉、奶油蛋糕、汉堡包、薯条、巧克力等高热量但缺乏维生素、矿物质等营养成分的食物的婴幼儿，往往体内糖分和脂肪的含量过高，长期下去就会造成肥胖。

3. 缺乏运动

运动可以促进身体发育，增强体质，还可以加快机体的新陈代谢，提高呼吸系统、运动系统和心血管的功能，尤其能使婴幼儿的骨骼和肌肉得到锻炼。目前，城市中的婴幼儿大都住在高楼里，缺乏运动的空间和机会。如果婴幼儿经常在家中看电视、玩游戏，懒于活动，就会限制体能的消耗，造成脂肪堆积、身体笨重，从而更趋向于懒散，如此恶性循环，长期下去就会造成肥胖。

4. 不良生活习惯

婴幼儿如果生活习惯不好也会造成肥胖。

（1）喜欢在睡觉前吃东西

睡前吃零食不易消化，非常容易堆积在体内形成肥胖源。

（2）边看电视边吃零食

很多孩子喜欢看电视时吃东西，这会让他们不知不觉地吃掉大量高热量食物，如花生、瓜子、巧克力、饼干等。

（3）用餐速度快，咀嚼次数不够多

这样做的结果，就是来不及充分咀嚼食物，容易吃得过量。因为使体内饱腹中枢判断有没有吃饱的信号之一就是咀嚼的次数，如果婴幼儿吃饭的速度过快，即使胃里食物已经充满了，却不能及时把信息传递给大脑，就会导致婴幼儿饮食过量，造成肥胖。

（4）喜欢口味重、味道浓的食物

口味重的食物往往所含盐分也多，而摄取盐分过多也是肥胖的原因之一。因为盐分会把摄入人体的水分留住，体重无法减轻。

（5）生活不规律

如果婴幼儿生活不规律，就会使其生活节奏紊乱，用餐时间也就变得不规律。婴幼儿如果不按时进餐，就会导致发胖。

5. 患有疾病

如果婴幼儿存在神经疾患，就有可能对某种食物产生强烈的食欲，致使食量倍增。一类是神经内分泌性肥胖，下丘脑或脑垂体肿瘤、皮质醇增多症、甲状腺功能低减、下丘脑疾病、生长激素缺乏症、胰岛素肿瘤等，都会导致婴幼儿肥胖。还有一类是脂肪细胞数目的增多与肥大性肥胖。脂肪细胞数目的逐渐增多与年龄增长及脂肪堆积程度有关，很多患儿从乳儿时期就开始肥胖，随着年龄增长体内脂肪细胞的数目也在增多；如果是缓慢持续的肥胖，则既有脂肪细胞的肥大又有脂肪细胞的增多。一个成年肥胖人的全身脂肪细胞可比正常人的脂肪细胞多 3 倍以上。

二、婴幼儿肥胖的危害

肥胖会带给婴幼儿很多负面影响。首先，肥胖儿由于心脏和呼吸系统负担加重，稍微活动就会引起心跳加快、呼吸困难，于是就不愿意参加活动，久而久之，由于缺乏锻炼，肥胖儿就容易生病。其次，婴幼儿时期的肥胖还很可能会延续成为成人的肥胖症，继续为以后的生活带来苦恼。此外，肥胖儿由于体形不匀称，动作不灵活，常常会遭到其他小伙伴的嘲笑和捉弄，容易产生自卑感，对自己的身体不自信，不愿意参加集体活动，以至于影响婴幼儿的心理健康。

三、肥胖儿的管理

1. 单独登记

保健室把各班孩子的体检信息输入计算机后，根据健康评价自动生成轻度、中度、重度肥胖儿的管理名单。保育员要了解并掌握本班肥胖儿名单。

2. 向家长发放肥胖儿告知书和婴幼儿基本情况调查表

由家长填写完整基本情况调查表后，了解情况认真分析，制订肥胖儿管理计划并及时和家长进行沟通，引起家长的重视，取得家长的配合。帮助家长了解婴幼儿不合理的饮食及运动情况，并及时采取有效的措施纠正。

保育员要向家长介绍婴幼儿正确的减肥态度和减肥知识，避免他们走向减肥误区。例如，不要嘲笑孩子肥胖；不要用食品奖励或惩罚孩子；尽量丰富孩子的生活内容，以免因为无聊而不断吃东西；家长也要以身作则，勤于运动，饮食适量，做孩子的榜样。

3. 及时纠正偏食、挑食、吃零食的不良习惯

培养良好的饮食习惯，控制进食量和进餐速度。让肥胖儿多吃水果蔬菜，少吃高热量食物。用餐前让他们先适当喝点儿汤，然后进餐，以减轻饥饿感。

4. 鼓励肥胖儿适当运动

运动不仅可以使脂肪细胞释放出大量游离脂肪酸，使脂肪细胞的体积变小，还能消耗多余的糖分，使其不转变为脂肪。室外运动时，教师要及时提醒不爱活动的肥胖儿动起来，有目的、有步骤地适当增加肥胖儿的运动量。循序渐进，逐步提高运动强度，延长运动时间，由最初每周不少于 3~4 次、每次 10~30 min，增加至每日 2 次、每次 10~30 min。初次运动应低强度、短时间，逐渐增加强度和时间，最终达到增强体质、减轻体重的目的。例如，利用全班的自由活

动时间，保育员可以组织肥胖儿们走出教室，来到楼梯口，进行简单易行的爬楼梯比赛。保育员要掌握安全的运动量，儿童适宜的最大运动强度通常为心率每分钟 130~160 次，以皮肤潮湿出汗为限。

5. 体育活动时对肥胖儿进行个别指导

体育活动时，肥胖儿往往会感到行动困难、力不从心，所以保育员要注意对个别肥胖儿的教育与护理。例如，肥胖儿活动时后背易出汗，保育员就要每天多准备几条毛巾替换使用；普通的动作练习如攀爬、跑步等，对于身体笨重的肥胖儿，保育员要适时适度地帮助他们完成动作，并鼓励他们不怕失败，勇于尝试，培养肥胖儿运动的自信心和坚强的意志力。

6. 鼓励肥胖儿克服自卑心理

肥胖会造成孩子缺乏自信，形成心理障碍。肥胖儿因为身体比较重，造成行动不便、动作笨拙，心里害怕被其他小朋友们嘲笑，不爱参加集体活动，尤其害怕表演活动，这样会逐渐形成孤僻、自卑的心理，甚至引起精神障碍。值得注意的是，这种心理上的压抑和伤害比生理性伤害要严重得多，这种伤害不易被察觉，但对其个性、气质、性格、潜能发育以及日后的能力形成、人际交往都有不容忽视的影响。

所以，保育员平时要注意多鼓励肥胖儿参加集体活动，并勇于表现自己，树立自信心。例如，过“六一”儿童节时，应当让肥胖儿与其他小朋友一起上台演出，如果他们跳舞跟不上节奏，可以安排他们在一旁敲鼓，或者为同伴伴唱，不能因为他们太胖就遭到“淘汰”。再如，班里举行元旦联欢会时，鼓励肥胖儿大胆表演，在同伴面前展示自己的风采，无论是表演一个小魔术，还是讲一个小笑话，同伴的赞美与认同就是对他们最好的肯定与鼓励。

［案例 4–1］

某幼儿园对肥胖儿的管理

随着生活水平的提高，幼儿园里的“小胖墩”越来越多，体重过重让他们看起来行动迟缓和不便。他们往往胃口奇好，什么饭都爱吃，而且吃得很快，每次不等老师分完全班小朋友的饭，他们的饭就已经吃完了，并要求再吃第二碗。经过细致的分析和讨论之后，我们针对肥胖儿做出如下管理安排。

1. 做好肥胖儿在幼儿园的饮食和运动管理工作

（1）饮食管理。每餐前让肥胖儿先喝半碗汤，然后再加菜和主食。分菜时多分给肥胖儿素菜，这样使肥胖儿先是用汤和素菜占据了胃，减少了饥饿感，然后再吃主食，从而达到减少主食摄入量的目的。同时，纠正肥胖儿不良的饮食习惯，提醒肥胖儿吃饭时要细嚼慢咽。细嚼慢咽超过 20 min 以上的，饥饿感就会随之消失。

（2）运动管理。肥胖儿大都是好吃不好动，他们每天在运动时都会表现出“不情愿”。我们就从调动他们的兴趣入手，根据肥胖儿的自身特点，使减肥活动不再枯燥无味。如分队竞赛时人数不可能都是相等的，我们就请肥胖儿作为替补，无形中增加了他们的运动量。另外，本学期我们班室外活动主要是学习跳绳并进行跳绳比赛，目的是在冬季增加孩子们的活动强度，帮助肥胖儿减轻重量。肥胖儿本身大都动作不协调，学习跳绳有些困难，我们老师便带动他们跳，不会跳的肥胖儿能够逐步跟老师一起游戏。学期末举行跳绳比赛，进一步督促孩子们主动在家中进行运动。

（3）日常生活细节管理。一日生活中的细小环节也是我们督促肥胖儿运动的好时机。如把肥胖儿的衣柜安排到最下方，他们在拿取物品时就会促进自身锻炼；鼓励肥胖儿多做值日，负责拿室外器械、摆椅子、发作业本、帮助老师做一些力所能及的事情等，督促肥胖儿增加运动量。

2. 取得家长的配合

家长的配合程度是肥胖儿成功控制体重的关键，因此必须要争取家长的积极配合。对于肥胖儿的问题，每个家长重视的程度不一样。有的家长希望肥胖儿瘦一些；有的家长则认为“肥胖”也是一种健康；有的家长持无所谓的态度，认为小时候肥胖没关系，长大了不一定肥胖。因此，转变家长的观念，让家长认识到减肥对婴幼儿正常生长发育的重要性是很关键的。

（1）充分利用宣传栏，让家长了解婴幼儿肥胖的危害及干预的重要性。我们有意识地在宣传栏中充实健康教育内容，使家长了解婴幼儿肥胖的原因及危害；了解控制婴幼儿肥胖的最佳年龄是学龄前，如控制不好，成年后将导致相关的疾病，如心脑血管病、糖尿病、肿瘤等，同时也要防止成人期肥胖；了解什么是单纯性肥胖，单纯性肥胖发生的原因，肥胖的标准，肥胖会带来哪些危害，如何治疗等；使家长知道，肥胖除了会带来身体上的疾病以外，还会带来人格障碍和非智力因素障碍等。保育员要帮助家长了解健康儿童的指标有哪些，怎样做才有可能让婴幼儿健康成长。家长知道我们是真心为孩子健康成长考虑的，都很支持我们的工作。

（2）开展肥胖儿科学饮食的指导工作。我们利用各种途径对家长进行肥胖儿的科学饮食指导，并展示了图文并茂的“三灯”食品，让家长和小朋友们了解哪些属于高热量、高脂肪的食品，从而可根据自身的需求选择食物。

绿灯食品请多吃：西红柿、芸豆、黄瓜、胡萝卜、大蒜、白菜、油菜、香菇、青椒、苹果、梨、橘子、菜花、韭菜、芹菜、苦瓜、薏米等。

黄灯食品适量吃：米饭、馒头、面条、鸡蛋、豆腐、瘦肉、面包、奶制品等。

红灯食品请少吃：洋快餐、干果类、甜饮料、果酱、奶油蛋糕、冰激凌、烤鸡、巧克力、肥肉等。

（3）充分利用晨检了解肥胖儿近况和与家长沟通这个最佳时机。家长送孩子入园时，首先要通过晨检，应抓住这一时机和家长简单交流肥胖儿在家的表现，如昨天晚上吃了什么菜、什么零食，双休日做什么等。根据情况鼓励肥胖儿的正确行为，给他们一些表扬、肯定，帮助家长寻找原因逐渐改变肥胖儿的一些不良行为。

3. 开展家园互动活动

（1）每月将保健室跟踪的肥胖儿身高、体重的评价指数向家长进行反馈。对于指数下降或保持不变的肥胖儿及时提出表扬、鼓励；对于指数上升或反弹的肥胖儿及时和家长进行交流，了解近段饮食、运动等各方面的情况，帮助家长分析指数上升的原因，找出相应的对策，有针对性地进行指导。

（2）鼓励家长每日带孩子在生活区活动玩要 1 h 左右，周末保证每天运动 2 h 以上，多与小朋友一起做游戏以激发孩子的娱乐兴趣。对于家离幼儿园较近的孩子，鼓励家长取消代步工具与孩子一起运动。

（3）帮助家长解决难题。如班中松松的妈妈说，自己由于工作忙没时间管孩子，孩子回到家中基本上就是自己看电视，我们建议让孩子参加舞蹈班的学习，既能满足孩子的心理需求又使其得到了身体上的锻炼。还有家长反映晚上不想让孩子多吃，可大人一吃孩子就围着桌转，不让吃就哭。我们与家长一起想办法，如午餐时让孩子吃八分饱，晚餐一般是让孩子正常进餐，吃面食等易消化的食品，如晚上回到家中还想吃饭就吃一些蔬菜和水果。

（4）家长来接孩子时，保育员及时向家长表扬肥胖儿一日在园的表现，家长也在送孩子来幼儿园时及时向教师反馈孩子在家时的良好表现，家长和保育员都做到及时给予孩子表扬。

4. 假期工作不放松

平时肥胖儿在园配合得较好，基本上都能按照园内管理方案有计划、有步骤地实施，成效较明显，但到了假期，家长往往忙于其他工作就忽视了这个问题。肥胖儿因无人监督在饮食、日常行为、体育运动等方面也放松了自己，愿意吃什么就吃什么、愿意怎样做就怎样做，忘记了在园时的做法。假期马上就要临近了，我们根据这些现象，提前与家长进行沟通。假期前召开肥胖儿家长会，提示家长在假期中管理好肥胖儿，向家长发放“三灯”食品及常见食物表，使家长进一步明确：学龄前儿童没有太多的自主行为，其行为易受家长支配及环境影响，家长多进行室外活动，孩子则自然跟随，家长少准备高热量食品，孩子则少吃。婴幼儿的各种行为习惯可塑性强，从小就要培养婴幼儿养成良好的运动及进食行为习惯。

总之，通过家园有效的配合才能使肥胖儿的体重得到较好的控制，家长配合程度是控制肥胖儿体重的关键。

案例点评：

以上案例中，我们不得不佩服幼儿园老师工作的细致入微。他们不仅考虑到在幼儿园的生活中，对肥胖儿的饮食、运动及其他生活细节进行控制和管理，帮助肥胖儿解决肥胖问题，而且考虑到要解决婴幼儿肥胖问题，必须取得家长的支持与配合。因此，他们对家长进行宣传和教育，让家长在家中也注意调节肥胖儿的饮食，并根据各种食品对肥胖的影响及合理进食量，划分了“三灯”食品，让家长掌握肥胖儿的科学饮食方法，从而有效地控制饮食。在家园互动中，想办法增加肥胖儿的运动量，帮助肥胖儿调动自己，减少肥胖。这些全面细致的工作值得托幼机构的工作者在管理肥胖儿时借鉴。

培训单元 3　对多动儿的个别指导

培训重点

- 了解婴幼儿多动的原因与危害。
- 能在活动中照顾和指导多动儿。

知识要求

一、多动儿的表现及成因

活泼好动是婴幼儿的天性，但过分的“多动”却又会影响婴幼儿的正常发育，导致这些婴幼儿普遍存在心理、情绪、行为方面的问题。多动儿的行为表现是活动过多、动作笨拙、注意力差、冲动任性等；心理表现是感情脆弱、不耐受挫折、情绪不稳、易哭易笑等，有的婴幼儿还有不合群、类似自闭孤僻的反应。这些婴幼儿虽然多动，但又不属于病理性的“多动症”。

引起婴幼儿多动的原因有很多，目前仍无定论。相关临床医学资料显示，遗传因素、大脑的轻微损伤、部分微量元素缺乏或过量、成长环境等，都与婴幼儿的多动反应有一定相关性。概括起来主要有六个原因：

1. 精神发育受损或成熟延迟

此类婴幼儿行为较幼稚，动作笨拙，协调性差。婴幼儿的母亲在孕期或围产期时并发症较多。

2. 遗传因素

有此类多动反应的婴幼儿，父母小时候也多动，而且不少母亲反映患儿在胎儿期就好动，出生后好哭，入睡困难，进食不好，难以照顾。

3. 生物化学及代谢因素

经大量研究证实，多动反应的婴幼儿中枢单胺类受体（一种神经介质，起传递大脑信息的作用，是与精神活动密切相关的化学物质）更新较慢。

4. 维生素缺乏

有研究发现，维生素缺乏或某些食品添加剂、色素所致的代谢紊乱与儿童多动行为有关。

5. 金属元素中毒

铅中毒是比较流行的理论，但并非同一种情况的婴幼儿都多动，所以这一因素还有待进一步研究。

6. 社会、家庭、心理因素

不良的社会环境、破裂的家庭、父母性格不好、意外的精神刺激等都易导致婴幼儿注意力不集中、多动。

二、多动儿的行为表现

婴幼儿的多动如果得不到有效控制，就会影响其心理发育，出现感知缺陷、注意力障碍、记忆困难等，进一步发展会影响婴幼儿的思维和想象能力，并产生情感和心理问题。如果婴幼儿时期的多动没有得到及时治疗，那么到了学龄期则很可能表现为学习困难，或发展为“问题儿童”。

1. 注意力分散

多动儿注意力难以集中，做事情往往半途而废，即使是做游戏也不例外。环境中的各种无关刺激都非常容易分散他们的注意力。进入小学后，在课堂上的表现就更为明显，经常坐在教室里东张西望、心不在焉，集中注意力听讲的时间比较短，从而直接影响到他们的学习效果。

2. 活动过度

在托幼机构里，多动儿不能按正常要求的时间坐在小凳上，上课时他们小动作不断，甚至会站起来在教室里擅自走动。他们走路大都蹦蹦跳跳，即使睡觉也经常不停地翻动身子、磨牙、说梦话。这类婴幼儿往往还会伴随出现动作不协调，如系纽扣、系鞋带、剪贴写字等精细动作，操作水平往往比普通孩子差一些。

3. 情绪冲动

多动儿情绪不稳定，容易冲动，对自己欲望的克制力较薄弱，一遇到高兴的事情就手舞足蹈，难以自制，一受到挫折就大发脾气、哭闹不休。他们在托幼机构倾向于跟其他小伙伴争吵或打架，而且往往不顾后果。

4. 社会适应能力差

多动儿经常表现为个性倔强，不愿接受老师的管教，排斥小伙伴，所以很难与其他同龄孩子相处，有时不得不去找比自己年龄小的孩子做游戏。

三、对多动儿的指导

1. 宽容和接纳多动儿

保育员首先要正确认识婴幼儿的多动行为，了解多动是由一定原因导致的，并非多动儿自身故意所为，更不是有意对抗，切不可对多动儿表现出厌恶或歧视，以免他们自责而挫伤自尊心；也不能经常说他们好动、注意力不集中，以免对他们的心理产生负强化，即越说越好动，加剧多动行为。例如，一位保育员对一会儿乱跑打翻玩具、一会儿争抢打哭同伴的幼儿非常生气，厉声呵斥并强行把他按到座椅上：“你就不能老实一会儿吗？”在这种态度和语气下，这个幼儿反而会越来越不老实。保育员要怀着一颗爱心，对多动儿倍加关心和呵护，给予他们宽容和理解，少一些批评指责，多一些关注鼓励。

2. 明确要求，积极引导

婴幼儿年龄小，自控能力差，多动儿更是如此。因此，在活动前保育员要找多动儿谈话，提醒他们注意自己的行为，提出明确的要求，讲清道理，要求他们专心听讲，认真做事。但在活动过程中，他们往往无法控制自己的行为，保育员可以有意识地利用语言、表情、动作等给予积极的暗示，及时提醒他们集中注意力，逐步养成专心做事、遵守纪律的好习惯。

同时，保育员要引导多动儿将过多的精力投入到有益的活动中去。多动儿身上有过多的精力，似乎身上有永远使不完的劲，从不知道什么叫累，只有将这些过多的精力发泄掉，他们才会安然自得。因此，应该帮助这些多动儿消耗掉过多的精力，如让他们做跳绳、踢球等一些活动量大的游戏，也可以让他们做一些力所能及的服务性工作，如擦桌子、摆椅子、浇花、整理玩具等，这样既消耗了他们多余的能量，又培养了他们的服务意识，可谓一举两得。保育员要密切关注他们的活动，并及时加以表扬、鼓励，将他们引导到有益的活动中，培养他们正确有序、认真做事的习惯。

应当注意的是，当多动儿出现符合规定和要求的良好行为时，应立即进行强化，如给予表扬、鼓励或奖励等，使多动儿感到愉快和满足，从而帮助其建立良好的习惯。

3. 培养多动儿的注意力，进行教育干预

婴幼儿多动的一个很重要原因是不能集中注意力，因此，可以利用培养注意力的方法来克服多动。例如，让多动儿进行听故事、看图书、下棋、画画等趣味性强的活动，或者走迷宫、找异同等智力游戏，使他们能够在较长的一段时间内安静下来，集中精力投入活动中。还有一些需要集中注意力才能完成的活动性练习，例如连续拍球、掂乒乓球、弹玻璃球等活动，都能够训练多动儿注意力的稳定性。

通过这些专门的活动训练，可以逐渐提高多动儿的注意力，从而改善他们上课走神、无关动作过多和坐不住等现象。

4. 干预父母的教养行为，使学前教育和家庭教育同步

婴幼儿对父母的模仿和学习能力是很强的，所以保育员要取得多动儿家庭的密切配合，对多动的婴幼儿实施学前教育和家庭教育同步。

首先，保育员要让家长清楚孩子多动的性质，知道他们比一般正常孩子难以管理，对他们要多一些理解和耐心，循序渐进地提出要求。

其次，保育员还要让家长学会选择多动儿感兴趣的活动方式，培养他们活动的自律性和兴趣的持久性。必要时，保育员还可以建议家长掌握一些专门的感统训练知识，训练多动儿触觉、视觉、听觉、运动技巧等方面综合协调的活动能力。

当然，如果孩子的多动比较严重，已经明显影响了其生活和学习时，保育员就要及时建议家长带多动儿寻求儿科医生的帮助。在医生的指导下，可根据实际情况对多动儿采用心理治疗、感统训练或者补充锌、铁、碘等微量元素甚至药物治疗等措施，增强干预效果。

技能操作

对多动儿的个别指导

一、操作程序

1. 给予多动儿更多的关爱与包容

（1）微笑面对多动儿，通过表情、声音、情感传递爱与尊重。

（2）对多动儿多关注激励，不说负面语言。

2. 对多动儿的行为矫正

（1）活动前明确要求，积极引导。

（2）用手势、眼神、动作或轻声提示提醒多动儿参与活动。

（3）进行专门的活动训练。

3. 开展家园同步教育

（1）指导家长合理安排多动儿的生活，注意生活规律。

（2）指导家长鼓励多动儿自己的事情自己做，培养其自理能力。

二、注意事项

1. 给予多动儿宣泄的机会。
2. 对于攻击、冲动行为应及时制止。
3. 如果多动行为比较严重，建议家长及时寻求专业帮助。

相关链接

适用于改善多动儿行为的小游戏

【游戏 1】 草木体验

1. 训练目的

让孩子用手去触摸草木，感觉大自然。通过触觉刺激，影响孩子的智能和情绪。

2. 训练方法

（1）带孩子到有花草树木的地方，让他用手去触摸树叶、树干、树枝、花朵、草、石头、细沙等。

（2）带着孩子一边摸，一边缓慢且清楚地告诉他现在摸的是什么东西，一再重复也没有关系，让孩子不仅看到、摸到，也了解那是什么东西。

3. 注意事项

（1）孩子集中注意力的时间有限，不宜急于灌输给孩子一大堆东西。

（2）跟孩子说话，要慢慢地、清楚地说，而且要语调温柔，让孩子能够很容易地接受你所表达的意思，进而作出反应。

【游戏 2】 注视

1. 训练目的

训练孩子的视觉专注力。

2. 训练方法

（1）伸出食指放在孩子眼前约 30 cm 处，让其注视。

（2）让孩子注视你手里拿的东西。

（3）让孩子凝视你的眼睛，与你对视。

（4）让孩子注视镜中自己的眼睛。

3. 训练要求

注视时间越长越好。

【游戏 3】 数字变位

1. 训练目的

训练孩子的视觉记忆力，培养其敏锐的观察力。

2. 训练方法

在纸板上按顺序贴出数字 1~10，让孩子观察并认识这些数字，然后让他转过身去。把个别数字交换位置或者取走，再让他转回身来，迅速说出哪个数字变了或者已被取走。

培训单元 4　对胆怯儿的个别指导

培训重点

- 了解婴幼儿胆怯的原因与危害。
- 能在活动中照顾和指导胆怯儿。

知识要求

一、胆怯儿的表现及成因

胆怯是一种很常见的心理反应，是一种缺乏自信的表现。胆怯儿在独生子女中有一定的代表性，如孩子在家里活泼淘气，但到了托幼机构或其他环境中就变得胆小怕事、沉默寡言、退缩怕生、偏食、爱哭等。不少父母在谈到孩子胆怯时，常常忧心忡忡、一筹莫展，担心孩子不敢大声说话，将来无法适应社会；忧虑孩子难诉委屈，将来可能不会保护自己；怀疑孩子的退缩行为将会无法面对未来激烈的竞争等。其实，胆怯心理障碍虽然会在一定程度上影响孩子的健康发展，但也不必杞人忧天，通过多种途径有意识地培养教育，就能帮助孩子克服胆怯心理，树立积极的自我形象和健康的个性，促进孩子身心的和谐发展。

婴幼儿胆怯的原因有很多，大致包括以下几点。

1. 遗传因素

每个人的遗传因素不同，他的心理特征也因此不尽相同，甚至存在着巨大的个体差异，尤其表现在气质特征上。遗传的气质类型属于抑郁质、黏液质的婴幼儿，往往比胆汁质、多血质的婴幼儿胆小内向一些。例如，有的孩子大胆活泼，有的孩子胆小怕生；有的孩子讲起话来滔滔不绝，有的孩子却怎么鼓励都是沉默寡言。这大都与父母的遗传有关，父母活泼外向，孩子往往也会如此；父母胆小内向，孩子也很难大胆外向。

2. 畸形的家庭教育

一是过分溺爱。现在的孩子绝大多数都是独生子女，不少祖辈更是对孩子有求必应、呵护有加，孩子走到哪里就陪到哪里。有的家长害怕孩子被同伴欺负，不让孩子单独出去与其他小朋友玩，紧紧跟在孩子后面监督保护，一看到孩子与同伴之间出现问题，家长就立刻出面解决。这样做的结果是家长剥夺了孩子自己解决问题的权利，最终造成孩子的胆小怕事。

二是过度严厉。有的家长教育观念陈旧，不懂得尊重孩子、满足孩子的合理要求，小则大声呵斥，大则大打出手，对孩子过于严厉、粗暴。也有的家长经常恐吓自己的孩子，例如，当孩子晚上不肯睡觉时就说会被夜晚出来的鬼领走，当孩子不爱吃饭时就说老虎会吃掉你等。孩子长期处于这种充满恐惧、暴力和压抑的气氛下，缺乏家长的关爱、赞扬和肯定，久而久之，就会影响他们情绪情感的正常发展，使他们心情抑郁，最后形成胆怯心理。

三是期望过高。有的父母希望孩子完成自己未了的心愿，不考虑孩子的实际情况，一味地对孩子高标准、严要求，即使自己的孩子已经很优秀了，但还是不满意，喜欢拿自己孩子的弱点跟其他孩子的优点相比，比较的结果就是使孩子觉得自己永远比不上别人，产生自卑感，缺乏自信或封闭自己，最终导致胆怯心理。

3. 保育员的教育观念陈旧

很多保育员由于教育思想、教育观念没有及时更新，忽视婴幼儿的个体差异，对能力较弱、不能达到自己设定目标的孩子持歧视态度，使他们在同伴眼中成了“差生”，自己很努力才取得的成绩却得不到老师和同伴的认可，便渐渐失去了自信心，课上不敢举手回答老师的提问，课下不敢在他人面前发表意见，逐渐形成胆怯心理。

二、胆怯对婴幼儿的危害

从心理学角度讲，胆小是源于不自信。不自信便不敢承受压力，只能退缩逃避，这种心态在婴幼儿的生活和学习中是有害的。

首先，表现在人际关系方面。胆小的孩子常常由于紧张、害怕而不敢坦然面对不熟悉的人，对师长也采取回避态度，因此常被别人误认为孤僻冷漠、不开朗和没有礼貌。这样的孩子往往不被老师喜欢，小伙伴也不愿意接近他，甚至遭到某些老师的歧视和冷落，以及小伙伴的排斥和欺负。

其次，胆怯儿由于遇事逃避害怕而影响了自己的顺利发展。因为胆小，使他在集体面前尤其是在陌生环境里，失去了许多展现自己、锻炼自己的机会。而在竞争日益加剧的现代社会，敢说敢做、性格开朗，往往会获得更多机会，也更容易成功。

三、对胆怯儿的行为指导

胆怯儿的胆小退缩行为，往往在很大程度上影响了他们在托幼机构里的生活与学习活动，如果教师和保育员忽视他们、冷落他们，那么，他们所受到的损失会更大。所以，作为保育员，必须对胆怯儿进行个别教育与指导帮助，尽量采取有效措施，协助这些孩子最大限度地参与活动，表现自己。

1. 正确认识婴幼儿的胆怯行为

目前，很多人对婴幼儿胆怯行为的认识有失偏颇，认为孩子腼腆、讲话声音小就是胆小的表现。其实，孩子声音低并不一定代表胆怯自卑，声音高并不一定代表勇敢自信，只要这种胆怯没有使孩子感到不快乐，没有使孩子失去自信，没有阻碍孩子求知探索，都是可以理解和接受的。因为每个孩子具有自己天生的气质，更何况小时候所谓胆怯的孩子长大了并不一定就没有成就。例如，美国微软公司创始人、前世界首富比尔·盖茨小的时候就很腼腆害羞，但并不影响他日后成为一位不可多得的计算机天才。保育员要调整好心态，不要苛求完美，因为孩子就是孩子，要用孩子能够接受的方式来对待他们，用孩子的标准来判断衡量他们，尤其对于孩子一时的胆小表现，更要心平气和地宽容和接纳。

2. 鼓励和锻炼胆怯儿

首先，对于真正的胆怯儿，保育员在平时要多加鼓励。因为胆怯儿在托幼机构中易受到教师的忽视和同伴的歧视，从而感到自卑，越是自卑越不敢抬头大声说话，以致形成恶性循环。作为保育员，要耐心地告诉胆怯儿："没关系，有我帮助你，你会好起来的。"这样的话语对胆怯儿消除自卑心理非常重要。同时，保育员要耐心地倾听胆怯儿的感受，了解他内心的顾虑和对各种问题的看法，做到有的放矢，协助胆怯儿走出阴影，让他的心中充满阳光。

其次，要真正让胆怯儿变得大胆勇敢，只是鼓励还不够，还必须通过实践来锻炼和巩固，因为胆怯儿的自信心必须通过自身主动的、充分的活动才能发展起来。没有实践活动，只有口头指导，无异于纸上谈兵。所以，保育员要更多地为胆怯儿创造锻炼的机会，锻炼和巩固其自信心，如让他分发碗筷、收拾玩具等，多给他提供在公开场合表现自己、锻炼自己的机会。

3. 多与家长沟通，进行合力教育

很多家长对孩子的胆怯行为忧心忡忡，甚至有些杞人忧天，认为孩子胆怯就会在外面受欺负，将来在社会上也会没有竞争力等。其实，胆怯在一定程度上是人在不自信、有危险时采取的一种自我保护心理，有其积极的作用。但家长往往意识不到胆怯积极的一面，而放大了胆怯消极的一面，从而对孩子失望、训斥或强迫。保育员要利用谈话、宣传栏等方式，向家长传递正确的知识，托幼机构要和家长合力改变胆怯儿的现状。

技能操作

对胆怯儿的个别指导

一、操作程序

1. 正确认识婴幼儿的胆怯行为

注意区分腼腆、声音低与胆怯自卑的不同。保育员要调整好心态，不要苛求完美，要用孩子能够接受的方式来对待他们，用孩子的标准来判断衡量他们，尤其对于孩子一时的胆小表现，更要心平气和地宽容和接纳。

2. 对胆怯儿的行为指导

（1）耐心倾听、鼓励，帮助胆怯儿树立自信心。保育员要耐心地倾听胆怯儿的感受，了解他内心的顾虑和各种问题的看法。多鼓励胆怯儿，对胆怯儿的评价要以积极肯定为主。要善于发现胆怯儿的闪光点，如在园吃饭很干净、会自己整理衣物等，抓住每一个闪光点，让胆怯儿相信自己是有能力的。

（2）创造锻炼机会，培养胆怯儿社会交往能力。保育员要多给胆怯儿提供锻炼和表现的机会，要放手让胆怯儿独立地完成一些简单的任务，胆怯儿的自信心通过自身主动的、充分的活动才能发展起来。保育员可以让他们分发碗筷、收拾玩具、取放物品、当值日生等，多给他们提供在公开场合表现自己、锻炼自己的机会。适当地教给他们正确的交往技能，让他们能与同伴友好相处。

3. 与家长沟通，进行合力教育

及时了解胆怯儿家庭教育的情况，改变家长不正确的教养态度，教给家长正确的教育方法，如要求家长放手让孩子做一些力所能及的事情。家园应紧密配合，共同努力，共同帮助胆怯儿克服胆怯心理。

二、注意事项

1. 善于观察，及时鼓励。
2. 多为胆怯儿提供表现的机会。
3. 指导胆怯儿交往技巧，鼓励他们多与人交往。

相关链接

专家透视胆怯儿

经常听到年轻的妈妈埋怨自己的宝宝怕黑、怕高、怕水、怕见生人等，担心孩子胆小会妨碍他今后的发展。俗话说，初生牛犊不怕虎。初生的婴儿并不知道什么是害怕，也不懂得畏惧。孩子的害怕和恐惧心理是随着年龄的增长，在对身边事物的认识、探究和与成人交往的过程中才出现的。惧怕是一种不良情绪的表现，是婴幼儿期较突出的负面情绪。新生儿一般害怕大的响声，6个月时他们开始害怕生人，这种情况一直持续到2~3岁。学龄前儿童通常害怕离开父母，惧怕大个的动物、恐怖的面具和超自然的东西。婴幼儿的惧怕心理如果得不到矫正，长大后容易形成胆怯、畏缩不前的性格，甚至导致心理疾病。

惧怕镜头一：玲玲4岁时还不敢一个人睡觉。一到晚上，她就缠着妈妈，跟在妈妈的身边寸步不离。上床后不许关灯，非要妈妈坐在边上陪伴自己才能入睡。

专家观点：3岁左右的孩子依恋母亲，对黑暗特别恐惧，可能是因为某个偶发事件让孩子记忆了某个信息，造成了错误的印象。在这种情况下，家长应该尽快找出原因，给孩子解释，帮助孩子重新建立安全感。

解决方法：爸爸妈妈给玲玲讲《勇敢的小白兔》的故事，引导她说出怕黑的原因。原来玲玲是听了小伙伴讲的大魔鬼故事，才不敢独自待在黑屋子里。爸爸妈妈给她看《我不害怕》《床底下》等图画书，让她明白魔鬼、妖怪都是坏人装扮的，是自己想象出来的，鼓励她向图画书中的人物学习。妈妈还带着玲玲进行一些黑暗中的游戏，如捉迷藏，让孩子在快乐的游戏中慢慢习惯黑暗。渐渐地，玲玲不再害怕黑暗了。

惧怕镜头二：爸爸出差带回来一个变形的大瓷老虎。8个月的海海看见这个龇牙咧嘴的黑家伙，立刻咧开小嘴哭了。妈妈赶快抱起儿子说："别吓着海海，快把这东西收起来。"爸爸把瓷老虎放进书柜里。海海看不见瓷老虎就使劲在妈妈的怀抱里晃动身子，用目光满屋搜寻，示意妈妈带他去找。妈妈抱着他刚走到书柜旁，海海伸头看到了瓷老虎，又张开嘴大哭起来，妈妈只好抱着他离开。几经反复，海海既怕它又要看它。爸爸妈妈糊涂了，这孩子怎么魔怔了。

专家观点：0~3 岁的婴儿正处于获得信任感、安全感，初步体验自己能力的心理成长期，越是害怕的东西越要去看，这种现象很普遍。当孩子头一次看到自己不熟悉、色彩鲜艳奇特的东西时，会感到不安全、害怕，要寻求父母的保护。一旦当他钻进父母的怀里得到安抚时，又觉得自己有了依靠，胆子大了，有自信了，于是他又要去观察、了解那个新奇的东西。这种早期对环境接触的不同体验，会帮助他建立与人相处的自信心。

解决方法：当海海被瓷老虎吓哭了时，妈妈抱着他暂时移开视线，让他在自己的怀抱里得到安慰，建立一种安全感。然后再鼓励海海一次一次地去探索，告诉他这是个玩具老虎，样子可怕但不咬人。在海海情绪稳定下来后，还可以让他靠近瓷老虎，仔细观察瓷老虎的眼睛、鼻子、嘴巴，进而动手摸一摸它的尾巴，帮助海海去认识它。这样做既让孩子了解了新鲜事物，又增强了孩子的胆量。

惧怕镜头三：3 岁的苗苗和爸爸妈妈来到公园的儿童游乐场，看到小哥哥、小姐姐从高高的滑梯上轮番滑下，从来没玩过滑梯的苗苗也想去玩。爸爸说："上去吧，可好玩了。"苗苗兴冲冲地跟在小哥哥、小姐姐身后爬上滑梯。当站到滑梯口往下一看，真高啊！苗苗害怕了，双手紧紧地抓着栏杆哭着不肯往下滑。"妈妈在下边接着你，别害怕。"任凭爸爸妈妈在下面怎么劝，她就是不肯滑下来。

专家观点：婴幼儿的运动水平受遗传因素影响。那些运动神经尚未发育好的孩子，在玩大型器械游戏时，对高度的距离感、滑行的速度感以及空间感把握不准，手眼配合不好，肢体动作也不协调，很容易失手，从而产生挫折感、不自信、紧张和恐惧。此时，父母要耐心引导孩子克服胆小和惧怕情绪，不要一时心软对孩子的退缩行为妥协，要坚持协助孩子完成滑梯的动作，让孩子的机体和神经系统得到锻炼，感受战胜困难的喜悦，为他们以后的成长发育奠定良好的心理基础。

解决方法：爸爸妈妈一边用语言激励说："苗苗，你不是想像小鸟一样飞起来吗？滑吧，小鸟飞呀飞呀，可好玩了。"一边请一个五六岁的小姐姐带着苗苗滑下来，让她感受玩滑梯的乐趣。接着夸奖苗苗勇敢有进步，和她商量要不要接着玩。苗苗终于同意在小姐姐的带领下再去玩滑梯。玩过几次后，苗苗掌握了玩滑梯的要领，体会到玩滑梯的乐趣，胆子大了，脸上也露出自信的笑容。

培训项目 4 家长工作指导

培训单元 1 与家长沟通

培训重点

- 能撰写保育工作各项记录。
- 能根据保育工作各项记录，与家长进行沟通。

知识要求

一、保育工作记录

1. 做好保育工作记录的重要性和必要性

保育工作记录是保育员有效开展工作的重要依据，为分析和评价婴幼儿在身体不同领域的发展提供了重要数据，是保育和教育结合制定促进婴幼儿发展方案的重要参考，是托幼机构开展正常保育工作的基础，因此对做好保育工作有着十分重要的意义。

2. 保育工作记录的内容

（1）婴幼儿在园生活全日观察

婴幼儿在园生活全日观察记录包括晨检观察记录、进餐观察记录、饮水观察记录、两便观察记录、睡眠观察记录、行为观察记录，样表见表 4–1。

（2）班级物品消毒情况

班级物品消毒记录样表见表 4–2。

表 4–1　幼儿在园生活全日观察记录表

日期	姓名	性别	晨检情况	一日观察项目									观察人
				精神状态	食欲	饮水量	活动	皮肤	大小便	睡眠	病情观察	服药情况	

填写要求：

①“日期、姓名、性别”等项目当天如实填写。

②“晨检情况”要与主班老师或家长先充分沟通，再亲自找到幼儿，观察幼儿的全面情况后再填写。

③“精神状态”用好、一般、亢奋、萎靡、嗜睡等描述。

④“食欲”记录具体到幼儿三餐分别吃了几份饭菜。

⑤“饮水量”记录具体到几杯水或多少毫升。

⑥“大小便”记录具体到大小便各几次及颜色，必要时记录小便量多少毫升。

⑦“睡眠”可以用好、一般、烦躁、盗汗、磨牙、尿床等描述。

⑧“病情观察”如实描述幼儿白天在园病情，如咳嗽情况、痰的颜色、体温、皮肤、精神状态、大小便颜色和量等。

⑨“服药情况”如实描述幼儿服药后的反应，如正常、食欲不振、头晕、恶心、呕吐等。

⑩最后观察人签名。

表 4-2　班级物品消毒记录表

消毒范围	消毒项目	消毒方法	消毒频次	消毒时间					
				星期一	星期二	星期三	星期四	星期五	签字
1. 室内环境	（1）门把手、水龙头、楼梯扶手	①用干净抹布擦拭 ②用 1∶200 的 84 消毒液浸湿抹布擦拭，保持 10 min，再用干净湿抹布清除残留消毒剂	每天一次						
	（2）桌面	①每张桌子用三块抹布 ②第一遍用清洁抹布擦拭 ③第二遍用 1∶200 的 84 消毒液浸湿抹布擦拭，保持 5 min ④第三遍再用干净湿抹布清除残留消毒剂	早餐前、中餐前、晚餐前各一次						
	（3）地面、楼道	①用扫帚清除灰尘 ②用干净、半湿墩布擦拭 ③用 1∶200 的 84 消毒液浸半湿的拖把擦拭（仅在晚餐后） ④两把拖把应分别有标识	早餐后、午餐后、晚餐后各一次						
	（4）桌椅、床沿、杯架、玩具柜、窗台	①用干净抹布擦拭 ②用浓度为有效氯 100~250 mg/L 的消毒液浸湿抹布擦拭，保持 10 min ③用干净湿抹布清除残留消毒剂	每天一次，幼儿入园前						
	（5）儿童拖鞋	①用清水刷洗 ②用浓度为有效氯 250 mg/L 的消毒液浸泡 20 min ③用水清洗后，悬挂晾干	根据污染情况，每两周消毒一次						

续表

消毒范围	消毒项目	消毒方法	消毒频次	消毒时间					
				星期一	星期二	星期三	星期四	星期五	签字
1. 室内环境	（6）餐具、炊具、水杯	①用清水刷洗 ②有污渍时用清洁剂清洗 ③控干后用远红外消毒柜消毒（统一在食堂进行，按时送厨房）	每天三次						
	（7）毛巾	①用洗衣粉、肥皂清洗干净 ②用浓度为有效氯 250 mg/L 的消毒液浸泡 20 min 后，用清水充分投洗 ③在阳光下晾晒 4~6 h，干后整理待用，2 套 / 人	每天一次，婴幼儿离园后清洗，次日上午晾晒						
	（8）玩具、图书	①玩具用浓度为有效氯 250 mg/L 的消毒液浸湿抹布，进行表面擦拭，或浸泡消毒 20 min ②图书在紫外线灯下照射或阳光下暴晒	根据污染情况，每周至少消毒一次						
	（9）抹布	①用洗衣粉、肥皂清洗干净 ②使用浓度为有效氯 500 mg/L 的消毒液全部浸泡 20 min 后，用清水充分投洗 ③悬挂晾干	每次使用后						
	（10）拖把	①用清水把拖把清洁干净 ②使用浓度为有效氯 400 mg/L 的消毒液浸泡 20 min 后，用生活用水充分清洗 ③悬挂晾干	每天上下班前清洁一次，每天上午暴晒						

续表

消毒范围	消毒项目	消毒方法	消毒频次	消毒时间					
				星期一	星期二	星期三	星期四	星期五	签字
1. 室内环境	（11）大小便器	①幼儿大小便后及时冲刷 ②使用洁厕灵或浓度为有效氯 400 mg/L 的消毒液擦拭	随时冲刷，每天消毒一次						
	（12）空气	开窗通风	每天两次，每次至少 20 min						
		用紫外线灯照射消毒，按 1.5 W/m^3 计算紫外线灯灯管数量	每周一次，每次持续照射 60 min，在幼儿离园后进行						
2. 室外环境	垃圾桶	① 清理垃圾袋 ② 清理垃圾桶	每天一次						

填写要求：

①班级物品消毒记录表由具体执行人填写，一般为该班保育员。

②正确填写班级、消毒时间等。

③每天按照消毒项目、消毒方法、消毒频次要求严格执行，杜绝漏项、消毒液浓度配比及方法不正确、消毒次数不够等问题。

④每天下班前，如实填写班级物品消毒情况。

3. 婴幼儿服药记录及药品管理情况

（1）幼儿服药登记表样表见表 4–3。

表 4–3 幼儿服药登记表

日期	姓名	性别	药名、剂量及服药方法、时间	家长签字	监督人签字	喂药人签字	备注

记录及喂药要求：

①对幼儿所带的药品进行登记。

②建议家长或保健医生把药品用一次性自封袋包装，写上班级和幼儿姓名。

③晨检结束后，保健医生进班巡检，着重检查药品情况，逐项核对无误后签字。

④喂药要求：三查（喂药前核对药品与登记是否相符，家长、监督人（保健医生）签字情况、幼儿个人身体状况。如有疑问，必须找保健医生及家长落实清楚后方可喂服）、七对（核对姓名、性别、药名、剂量、方法、时间、次数）、观察、记录、签字。

（2）班级药品管理记录，样表见表 4–4。

表 4–4 班级药品管理记录表

班级	药品放置位置	内服药 / 外用药	是否有成人药物	过期药清理情况	消毒液放置位置	其他情况	负责人签字	检查人签字

药品管理要求：

①每班单独设定药柜，高度以幼儿触摸不到为宜。

②内服药和外用药分开放置。

③不准放成人药物、杂物、消毒药（放卫生间吊柜），定期清理过期药。

④只接受家长送来的治疗性用药，如感冒药、消炎药、止喘药、止泻药、眼药等，不接受滋补类、营养类药品。

⑤一般只中午喂服一次。

⑥不建议煎服中药集体饮用。

二、与家长的沟通

1. 与家长沟通的必要性和重要性

《幼儿园工作规程》第九章第五十二条规定：幼儿园应当主动与幼儿家庭沟通合作，为家长提供科学育儿宣传指导，帮助家长创设良好的家庭教育环境，共同担负教育幼儿的任务。《幼儿园教育指导纲要》第三部分第八条规定：家庭是幼儿园重要的合作伙伴。应本着尊重、平等、合作的原则，争取家长的理解、支持和主动参与，并积极支持、帮助家长提高教育能力。

家长十分关心婴幼儿在园的发展状况，特别是与身体健康有关的内容。保育员要依据一日观察记录分析，每周与家长进行简单的交流，让家长了解孩子近期的行为表现与发展，指导家长在家庭中与幼儿园保持一致的保育行为。

（1）指导家长科学育儿，让婴幼儿习惯的养成有连续性。前期需要托幼机构开展集中培训，让家长了解系统的育儿知识，了解婴幼儿在园期间的教育特点。只有与家长进行充分的沟通，取得家长的理解，才能更好地配合和促进托幼机构的发展。

（2）让家长及时了解孩子在园的一日生活情况、身体状况、饮食情况，以及老师对孩子开展的相关观察、生活照顾及教育活动。让家长了解保育工作的重要性，认识保育工作是婴幼儿发展的基础。

（3）让家长认识婴幼儿不同成长阶段身心健康发展的重要意义。

2. 与家长沟通的基本途径和方法

《幼儿园工作规程》第九章第五十三条规定：幼儿园应当建立幼儿园与家长联系的制度。幼儿园可采取多种形式，指导家长正确了解幼儿园保育和教育的内容、方法，定期召开家长会议，并接待家长的来访和咨询。幼儿园应当认真分析、吸收家长对幼儿园教育与管理工作的意见与建议。幼儿园应当建立家长开放日制度。

与家长沟通一般采用面谈、电子工具文档、座谈会、家长会等多种形式。

（1）面谈法

面谈法主要通过当面沟通的方式，把孩子近期的行为表现与发展状况与家长进行沟通。沟通内容要依据每日观察记录客观分析孩子的实际状况，明确提出需要家长在家庭中所做的配合工作及配合方式。

（2）电子工具文档法

电子工具文档法主要通过使用各种家园沟通软件或电子工具，给家长发送孩子一月观察汇总表及分析报告。分析报告用词应客观准确、不带有个人情绪观点，指出孩子发展优秀的部分及待提高的地方，家园共育促进孩子更好地发展。

（3）座谈会法

座谈会法主要是将有相同状况的婴幼儿家长召集在一起，将孩子近期表现通报给家长，并指出该行为可能会对孩子发展造成的危害，以及家长在家庭中针对肥胖儿童、偏食挑食儿童、多动攻击性行为儿童等如何采取科学的养育方式。座谈会法要求保育员根据孩子的问题提前做好问题提出解决方案等前期准备工作。

（4）家长会法

家长会是针对全班家长召开的保育工作会，目的是把近期全班孩子的身心发育状况以及存在的共性问题通报给家长。家长会上保育员要把卫生管理教育、生活管理教育、健康管理教育等内容梳理归类，把该阶段的婴幼儿发展指标以及指导方案向家长通报。保育员介绍后可邀请相关专家进行专题讲座。

培训单元 2　家园共育活动的组织与配合

培训重点

- 了解家园共育活动的类型及组织方法。
- 能协助教师组织家园共育活动。

知识要求

家园共育是指家庭与托幼机构互相协助、互相支持，共同促进幼儿健康发展的教育模式。家园共育受到越来越多的幼儿教育工作者、幼儿父母的关注。

一、家园共育的重要性

1. 教育的一致性

家庭和托幼机构是婴幼儿生活的两个主要环境，环境具有一致性才能保证婴幼儿发展的稳定性和连续性。托幼机构的教育仅仅是婴幼儿生活的一个方面，需要协同家庭对孩子的教育进行一致性的指导，避免托幼机构培养婴幼儿的良好习惯，但由于父母缺乏相关的教育理念与实践指导，导致对孩子的养育缺乏一致性，从而造成托幼机构教育工作的困难。

2. 教育的全面性

婴幼儿发展涉及方方面面，需要家长对婴幼儿发展有一个全面性的了解，才能辩体施养、因材施教。对家长来说，了解孩子在托幼机构的生活状态有助于家长教育技能的储备和学习，如家长会特别感兴趣孩子在幼儿园做了什么，是否开心，学到了什么本领，跟哪个小朋友交了朋友，孩子各方面的发展如何等。

3. 教育的科学性

婴幼儿有其不同阶段的发展特点，家庭和托幼机构应根据其发展需要给予相应的支持，这就要求家庭与托幼机构共同形成有适宜教育理念的孵化基地，从身体成长需要、习惯养成、健康管理等多个角度给予科学养育。家园共育是家长自身形成养育婴幼儿能力的重要途径。

二、家园共育应遵循的基本原则

1. 尊重原则

尊重是一切教育的基础，保教人员要树立正确的态度和行为，做到尊重家长和爱护婴幼儿。要求家长与家长之间、家长与老师之间、员工与员工之间、老师与孩子之间、管理者与员工之间都要互相尊重，彼此才能和谐共事。

2. 平等原则

无论是老师对待家长、家长对待老师、老师对待孩子、管理者对待员工都要求一视同仁，不分岗位、收入高低；为人处世都要本着平等、公正的原则。保教人员要学会与每一位家长平等地沟通，让每位家长内心获得尊重和信任感，这是建立良好家园关系的前提。

3. 教育合作性原则

保教人员要将家长视为教育婴幼儿的合作者。家园共育首先要求合作双方即保教人员和家长要有平等的态度，任何一方居高临下都会让另一方退缩；保教人员要与家长建立合作伙伴的关系，具备接纳家长的积极态度，这样与家长沟通和交流的渠道才能畅通无阻。

4. 个体差异的原则

保教人员要具备专业知识和技能，以及相应的文化和专业素养。首先要认识到婴幼儿阶段独特的价值，理解婴幼儿的学习方式和特点，尊重孩子的个体差异，坚持保教结合的原则，把教育寓于生活和游戏中，促进每个孩子富有个性地健康发展。同时，每位家长的岗位、职业、文化程度、家庭背景、综合素养、性格、性别等都不同，需要保教人员区别对待，让每位家长都能畅所欲言，保障家园沟通的和谐。

三、家园共育活动的具体类型及方法

与家长沟通的途径多种多样，保教人员应根据托幼机构总体要求、班级工作安排和家长需求，采取不同的途径和方法与家长进行有效的沟通。常见形式如下：

1. 家访

（1）家访的目的

提前了解孩子的家庭情况、父母情况，孩子的身体状况、饮食及生活习惯、整体养育及发育状况等；与孩子、家长初步建立熟悉和信任感；了解家长对孩子教育观、对园所的期待，对园所和保教人员的合理化建议等；同时，保教人员向家长说明园所的相关事宜及要求，为孩子入园及和谐的家园共育工作打下坚实的基础。

（2）家访的安排

1）家访前的准备

①了解孩子的信息。通过不同途径提前了解孩子的家庭住址、家庭关系、父母情况等相关情况。

②提前电话邀约。与孩子父母提前电话邀约，说明家访的目的和意义；注意尽量不耽误家长上班、不占用家长太多私人时间。

③物品准备。准备好入园指导手册、小礼物等。

④注重个人综合素养。注意得体的仪容仪表、和蔼的微笑、恰当的问答、专业的解说，展现教育工作者的个人综合素养。

⑤设计合理的家访路线。按照约定时间提前到达，不要让家长久等。

⑥熟知家访提问大纲。设计合理的家访提问大纲，提前熟知大纲内容。

⑦预知家长提出的问题，并有备用答案。对于不能现场给予回复的，应向家长说明情况，随后与相关主管领导确认后，及时回复。

2）家访中的注意事项

①多倾听。注意多听少说，适当抛出问题，与家长沟通情况，适度点头、回

应，必要时把话题拉回正题。

②多微笑。微笑是沟通和化解矛盾的润滑剂，无论面对家长还是孩子，应始终保持微笑。

③多记录。在和家长沟通时，要认真记录，可以适当与孩子进行互动。

3）家访后的总结与分析

①总结与分析。配合整理家访记录，与家访教师一起做好分析，如父母属于什么类型、对孩子有什么期望、孩子有什么特点等，形成家访小结，方便后期工作的开展。

②延续沟通渠道，开放沟通平台。对班级每一位孩子的家庭住址都有记录，对每一位孩子的性格特点和其家长的受教育程度、职业情况都有登记，方便后续家访工作和其他工作的开展。

2. 日常沟通

（1）入园环节的沟通

1）分工明确。三位老师分工明确，主班老师负责入园接待家长和婴幼儿；配班老师带领孩子进行早锻炼；保育员负责班级卫生、室内陈设的整理和餐前准备等。注意相互协助配合。

2）早做准备。熟记与每一位家长沟通的重要事宜，准备好全日观察记录表、班级药品管理登记录等。

3）入园接待。晨间接待时间短，接待家长多，事情多，只能就重要事宜进行简短沟通。如果家长有问题需要一起探讨、深度会谈，要问清家长的问题，与家长说明情况另约时间，同时做好问题沟通的方案，必要时三位老师在一起先沟通或请教其他有经验的老师。如果家长情绪激动，非要现场沟通，保育员负责接待其他孩子，主班老师请家长先冷静，控制情绪，再找单独的房间坐下来沟通。

4）保育员的配合工作。入园环节，保育员负责班级卫生打扫、室内陈设整理、物品准备等，同时配合晨间接待物品的准备，配合孩子进班后个人物品整理的指导，如书包归放、衣物挂放、洗手等。主班老师临时有突发事情需要处理时，保育员应配合晨间接待，细心、耐心地与每一位家长沟通，切忌态度急躁、话语敷衍，或带着情绪、心不在焉；记得沟通重要事宜，尤其是患病儿（皮肤有外伤或皮疹等）、家长特别交代等，需要现场与家长沟通清楚，划分责任归属。

（2）离园环节的沟通

1）离园活动普遍存在的误区。找不到需要沟通的重要事情，不知如何与家长沟通，对家长的问题一问三不知；应付式离园，想尽快结束今天的工作，对与家长的沟通敷衍了事，简单、急躁；组织不合适的离园活动，孩子和家长逗留在教室，玩具、图书随手乱放，保育员没法开展离园的卫生消毒及整理工作；或孩子还没完全离园就聊天、玩手机、干私活；私自离岗等。

2）分工明确。主班老师负责婴幼儿仪容仪表、着装、身体状况的晚检；配班老师负责婴幼儿物品，如书包、衣物、药品等的晚检；保育员负责教室桌椅、玩具柜、图书、玩具的整理，区角及地面卫生，餐具清洗、消毒，卫生间地面卫生，毛巾、餐巾、水杯的清洗、消毒，垃圾清理等工作。

3）离园准备。离园前帮助或指导孩子自己穿好外套，整理自己的衣裤、鞋子，整理图书、玩具、桌椅等，可以鼓励孩子动手参与，老师引导或检查；离园时主动与家长沟通，共商教育策略。

4）离园要求。家长不可随意进入教室，动用教室物品；已接走的孩子，非特殊需要不可以回教室逗留玩耍；没有预约，不要和家长随意交谈，更不能把问题和矛盾上交。

5）保育员的配合工作。协助教师做好离园前的准备，检查孩子们的衣着是否整齐，保持仪表整洁；协助教师整理书包、衣物等；主动与家长沟通病儿病情观察情况，家园共育让病儿尽快恢复健康；主动与家长沟通当天体弱儿、特殊儿童、家长有特别交代的孩子当天的情况，家园共育让家长了解保育工作，彰显幼儿园的服务与品质；针对当天发生特殊情况的孩子要有沟通，如抓伤、磕伤、与其他孩子发生争执等；针对家长有特别交代的孩子要有针对性地沟通；针对当天老师观察到的孩子的特别行为要有沟通。

3. 约谈

（1）约谈前的准备

1）提前预约时间。在交谈之前，教师要与家长提前预约具体的时间。

2）预约准备。选择适合约谈的时间和场所；保证有充分的沟通时间，避免时间紧张，沟通问题不深入，导致不能很好地解决问题，达不到家园共育的效果；三位老师分工合作，如主班老师负责沟通，配班老师负责记录，保育员带孩子在一边游戏，尽量避免当孩子的面沟通。

3）预知约谈的问题。提前预知家长会提到什么问题，三位老师提前进行沟通、研讨和现场模拟等。

（2）约谈中的沟通方法

1）以平等的身份、公正的态度与家长沟通，态度谦和、诚恳，语气温婉，语速放慢，注意眼神的交流。

2）先肯定孩子的优点，再委婉说明不足以及家园如何配合解决，注意方式方法。

3）学会倾听，多听取家长的意见和建议，并感谢家长的理解与信任。

4）教师利用自身专业知识、经验，分析孩子的实际情况，耐心给家长解答；对于自己不清楚的问题，切忌直接说不知道，或推给其他人来解决，而应把问题了解清楚后，再给家长回复；遇到难以与家长达成共识的局面，教师要随机应变，暂时缓和气氛，如双方角色互换，沟通有没有更好的解决方式等；遇到家长误解时，教师应保持冷静、控制情绪、主动反思，或者另外找时间等家长情绪冷静时再约谈；遇到意外事故及特殊事件时，老师应主动承认错误、坦诚事情始末，先解决紧急问题，其他事情再沟通。

（3）约谈后的总结与分析

与每一位家长约谈后，三位老师要在一起进行总结与分析。分析本次约谈是否达到预期效果，分析家长提出的重要问题是否有更优的解决方法，分析约谈过程中的细节是否合适；总结约谈的优点，反思问题与不足，作为下次约谈的借鉴。

4. 家长会

（1）家长会的种类

按照家长会的规模划分，可以分为全园家长会、年级家长会和班级家长会；按照家长会的内容，可以分为主题式家长会、分类家长会。

（2）家长会的组织与开展

婴幼儿的成长不仅需要家庭和托幼机构有各自的连续性，还要求两者之间有连续性。这种连续性依赖于家园的相互尊重和信息交流，保教人员和家长分享托幼教育的理论和实践，家长与保教人员分享孩子的需求、快乐和担忧。家长会的开展，有助于建立并维护婴幼儿的安全感，让家长充分了解托幼机构各方面工作的开展，真正做到家园间坦诚且密切地交流互动。

通常，组织家长会有以下工作内容：

1）关注家长的需求。家长会所面向的对象是家长，因此必须关注家长的实际需求，关注家长希望在家长会上了解什么内容、获得哪些信息。可以通过约谈、问卷调查及日常沟通等途径了解家长的需求。

2）制订会议计划，了解孩子的具体情况。制订详细的会议计划、会议流程，详细了解每一个孩子的家庭成长信息，详细记录每一个孩子在园的情况，并有针对性地进行分析。

3）提前书面通知家长。提前一周左右书面通知家长，以表示对孩子的重视以及园所的诚意，也便于家长调整好与工作、生活的冲突；提前告知家长会的内容，便于家长做相关的交流和咨询的准备。

4）提前布置家长会场地。要给与会家长引导或者提前放置明显的引导标志，便于家长快速找到会议场所。用富于情感的欢迎语、欢快轻盈的音乐、自由翻阅的资料（教育杂志、幼儿成长档案等）、温馨的鲜花盆景、自动播放的视听课件等，营造浓浓的和谐氛围。

5）按照流程开展家长会活动。内容主要包括园所近期工作的汇报总结，孩子各方面的表现与进步，班级孩子的日常状况，工作中存在的问题，根据近期工作制订的长远的初步工作计划、教学目标，以及需要家长给予配合的内容。

家长会的沟通内容宜以案例、影像的形式生动诠释教育理念与观点，让家长在津津有味的品读中感悟、理解沟通的主题，从而乐于倾听教师的观点与评价，愿意与教师探讨相应的教养策略。

教师在家长会上展示孩子在园生活、游戏、学习的影像和照片，是最受家长欢迎的。家长在惊喜捕捉孩子精彩活动瞬间的同时，会对教师辛苦、精心的付出而心存感激，家园双方也会因此而展开积极的互动。

6）组织家长会总结。对于家长的疑问要多加重视，对于未能直接提问的家长，可以采用留言等方式，让家长能各抒己见。最后统一整理家长会的总结，并将家长会情况反馈给家长，让家长看到教师的真诚与付出。

【案例 4–2】

小班家长会

1. 目标

让家长充分了解孩子入园以来的适应情况，使家长放心；同时了解孩子在园的教学内容、小班幼儿的发展目标及学习形式等，希望家长能积极配合幼儿园，共同促进孩子健康成长。

2. 家长会的准备

（1）幼儿入园一周的照片或者视频（尽量拍到每一个孩子）。

（2）教师学习并熟知《3~6 岁儿童学习与发展指南》中小班幼儿的相关内容，并制作演示文档。

3. 家长会的过程

（1）介绍班级三位老师及职责分工。

（2）介绍孩子入园一周的表现。

（3）介绍孩子在园的一日活动。

（4）介绍幼儿园小班的培养目标。

（5）介绍幼儿园本学期的教育计划。

（6）说明需要家长配合的方向（能力、资料、保健）。

（7）听取家长建议，个别交流。

4. 家长会的准备及配合要点

（1）配合家长会前环境准备。提前几天彻底打扫班级环境卫生；注意清除班级顶棚蜘蛛网、墙壁和玩具柜胶带印、灯管灰尘、地面和卫生间死角等；区角尤其是植物角应打理得生机盎然；必要时增加绿植，给家长会创造整洁、温馨的环境。

（2）配合家长会当天场地及物品准备。场地桌椅提前摆放到位，所需物品如签到表、签到笔、纸杯、温开水、抽纸、鞋套等准备齐全；播放舒缓的轻音乐。

（3）家长会当天活动配合。引导家长签到，穿鞋套，就坐；随时观察家长动态和需求，如倒水、去卫生间等；对个别带孩子的家长，及时给予帮助。

（4）家长会活动后配合。对家长提出的有关婴幼儿生活、保育方面的问题，及时给予解答；引导家长有序离开，提醒家长带好随身物品；对会场物品进行收纳整理，桌椅摆放整齐，多媒体教具、计算机等电源关闭；打扫卫生，进行地面、空气、桌椅等的消毒，倾倒垃圾；三位老师一起研讨、分析本次活动开展的亮点和不足，以及针对不足如何进行补救和规避等。

5. 亲子活动

（1）亲子活动的形式

亲子活动的形式包括亲子郊游、亲子运动会、围绕主题开展的亲子活动、围绕各类节日开展的亲子活动、亲子餐会、幼儿生活技能比赛等。

（2）亲子活动的组织与实施

1）转变观念，提高家长对亲子活动的认识。

2）合理引导，发挥孩子在活动中的作用。在活动前，给孩子自由表达交流的机会；在活动中设计环节，提醒家长留给孩子充足的自由发挥空间；适时提醒家长尊重孩子，给孩子更多的机会。

3）分享交流，进一步提高亲子活动的质量。开展亲子作品展览交流活动，听取家长心声，注重家长间的互相交流学习，不断反思、总结，共同提高亲子活动质量。

（3）亲子活动准备及配合要点

1）活动前环境及物品准备。提前一天彻底打扫活动场地的环境卫生；注意清除顶棚蜘蛛网、墙壁和玩具柜胶带印、灯管灰尘、地面和卫生间死角等；必要时增加绿植，给家长会创造整洁、温馨的环境；场地桌椅或地垫、玩具等提前摆放到位，所需物品如签到表、签到笔、纸杯、温开水、抽纸、鞋套等准备到位。

2）活动当天配合工作。再次检查所有物料是否到位；播放舒缓的轻音乐；站在门口热情地迎接家长，引导家长签到，穿鞋套，到规定区域活动或就坐；随时观察家长动态和需求，如倒水、去卫生间等，及时给予帮助。

3）活动结束后沟通及配合工作。对家长提出的有关幼儿生活、保育方面的问题，及时给予解答；引导家长和孩子有序离开，提醒家长带好随身物品；对会场物品、玩具进行收纳整理，桌椅摆放整齐；多媒体教具、计算机等电源关闭；打扫卫生，进行地面、玩具、空气、水杯等的消毒，倾倒垃圾；三位老师一起研讨、分析本次活动开展的亮点和不足。